Ich lebe ewig!
Und du?

Aus Gründen der besseren Lesbarkeit wird auf die gleichzeitige Verwendung geschlechtsspezifischer Sprachformen verzichtet. Sämtliche Personenbezeichnungen gelten geschlechtsneutral für alle Menschen.

Ich lebe ewig! Und du?

Vera C. Lux

Aus der Reihe
LEBENSDIMENSIONEN
Band I

Bibliografische Information der Deutschen Nationalbibliothek:
Die Deutsche Nationalbibliothek verzeichnet diese Publikation in der Deutschen Nationalbibliografie; detaillierte bibliografische Daten sind im Internet über http://dnb.dnb.de abrufbar.

Satz, Layout und Umschlaggestaltung: Vera C. Lux
Herstellung und Verlag: BoD - Books on Demand, Norderstedt
ISBN: 978-3-7481-9412-5

Inhaltsverzeichnis

3. ABSCHNITT

4. ABSCHNITT

Zum Geleit

Werfen wir gleich zu Beginn einen nur bei oberflächlicher Betrachtung humoristischen Blick in die Seele eines seines Erdenlebens überdrüssigen Menschen und lassen wir ihn in ein paar Versen von Wilhelm Busch zu Wort kommen, über seine Seelennöte und über sein –

„Dilemma"

Das glaube mir — so sagte er –
die Welt ist mir zuwider,
und wenn die Grübelei nicht wär,
so schöss' ich mich darnieder.

Was aber wird nach diesem Knall
sich späterhin begeben?
Warum ist mir mein Todesfall
so eklig wie mein Leben?

Mir wäre doch, potzsapperlot,
der ganze Spaß verdorben,
wenn man am Ende gar nicht tot,
nachdem dass man gestorben.[1]

(Wilhelm Busch)

---

[1] Busch, Wilhelm: Dideldum!, Verlag Fr. Bassermann, Heidelberg, 6. Aufl., 1876 (1874), S. 62. Die Schreibweise folgt der aktuellen Rechtschreibung.

Er bräuchte dringend Hilfe, dieser arme Mensch, zur Bewältigung seiner Erdenlebensschwierigkeiten, seiner seelischen Bedrängnisse, seiner Ängste, Zweifel und Ungewissheiten, und ebenso notwendig überzeugende Antworten auf seine Lebensfragen. Und er bräuchte vor allem – „Spaßverderber"!

Es gibt sie tatsächlich, solche Spaßverderber, Gott sei Dank! Es gibt sie, solche Menschen nämlich, die wissen, dass „man am Ende gar nicht tot, nachdem dass man gestorben" ist, die schon im Erdenleben voller Überzeugung sind und sagen: „Ich lebe ewig! Ja selbstverständlich!" – und es auch gerne weitersagen und damit weiterhelfen!

Solche vom ewigen Leben nach dem Körpertod überzeugte Menschen gelten zwar in den Augen so mancher Zeitgenossen als Spinner, weltfremde Träumer oder abgehobene Fantasten, werden aber gerade um diese ihre so überzeugte Lebenseinstellung regelrecht beneidet von vielen anderen, deren Vorstellungen eher so klingen wie:

„Es gibt nichts nach dem Tod. Es geht nicht weiter. Es ist alles aus und vorbei. Ich höre auf zu existieren und löse mich in nichts auf. Ich habe Angst davor." Oder: „Ich weiß nicht, ob es weitergeht. Das weiß doch niemand. Nach dem Tod werde ich es schon sehen." Oder: „Ich kann mir nicht vorstellen, dass es nach dem Tod noch irgendetwas gibt. Wenn ich es nur glauben könnte … Ich würde es schon hoffen …"

Wieder andere Erdenmenschen glauben zwar, dass es ein Weiterleben nach dem Körpertod gibt, haben aber keine genaueren Vorstellungen davon und wollen mehr darüber wissen: über das Leben im Jenseits, über unterschiedliche jenseitige Lebensebenen, über Zusammenhänge und Wechselwirkungen zwischen Jenseits und Diesseits, über mögliche Folgewirkungen unseres Erdenlebens auf unser jenseitiges Leben, über eventuelle Hilfestellungen aus der jenseitigen Dimension für die Bewältigung unseres Erdenlebens usw.

Ihnen allen sei dieses geistwissenschaftliche Kompendium gewidmet – und darüber hinaus allen Scharfdenkern und die es noch werden wollen, allen Suchenden und Fragenden, Nachdenkenden und Interessierten, Wissen-Wollenden und Staunen-Könnenden und ganz besonders allen, die ewig leben wollen …!

Angesichts der unterschiedlichsten Erwartungen mögen Umfang und Inhalt dieses Werkes nicht abschrecken, sondern vielmehr dazu anregen, nach persönlichen Interessen auszuwählen.

So wird es für manche Leser vielleicht sinnvoll sein, einmal nur den 1. Teil durchzulesen … oder einfach irgendeine Seite aufzuschlagen und an der gar nicht zufällig hängengebliebenen Stelle ein bisschen weiterzulesen … oder nach dem Inhaltsverzeichnis am Anfang oder dem Stichwort-Register am Ende ein ganz spezielles Thema zu finden … oder sich anhand der aus dem Erdenlebensalltag gegriffenen (im Text hervorgehobenen) „Aufrüttelungsfragen" weiterzuhandeln von einer geistwissenschaftlichen Erklärung zur nächsten. Und was fürs Erste vielleicht ungewohnt, ja unverständlich klingen mag, bitte getrost einmal zur Seite legen, ruhen lassen und überschlafen. Wieder andere Leser könnten mit dem zugegebenermaßen recht anspruchsvollen 2. Teil ihr bereits vorhandenes Geistwissen grundlegend erweitern.

Und wer von den „Eigentlich-gar-keine-Zeit-zum-Lesen-und-Nachdenken-Habenden" sich doch ehrlich einlässt auf die Titelfrage, wird damit nicht nur keine Zeit verloren, sondern schon im Erdenleben ein Stück Ewigkeit gewonnen haben!

1. Abschnitt

Ein Gedankenexperiment

Lassen wir einmal alle unsere bisherigen Ansichten, Denkmuster und Überzeugungen beiseite, schwingen wir uns über „wissenschaftliche" Hypothesen, Theorien und Beweisführungsversuche, machen wir uns frei von allem beengenden und begrenzenden Verstandesdenken und lassen wir uns ein auf ein Gedankenexperiment. – Stellen wir uns ganz einfach vor: Wir leben ewig! Natürlich kann damit nicht gemeint sein – auf dieser Erde. Denn für so eine Aufgabe ist der Planet Erde ja gar nicht vorgesehen und wäre auch nicht in der Lage, für so viele Menschen – Milliarden und Abermilliarden seit Urzeiten und es kommen immer mehr dazu – die erforderlichen irdisch-materiellen Lebensgrundlagen zu gewährleisten. Genauso wenig kann damit gemeint sein – in unserem derzeitigen Erdenkörper. Denn auch dieser ist aufgrund verschiedener Alterungs- und Verschleißvorgänge nicht über einen gewissen irdisch bemessenen Zeitraum hinaus funktionsfähig.

Warum aber sollten wir – als Person, als Individualität, als Geistseelenpersönlichkeit, als Geistwesen oder wie immer wir uns von unserem Inneren und eigentlichen Sein her als Wesenheit betrachten wollen – *nicht auch ohne unseren jetzigen Erdenkörper und wo anders als auf diesem Erdenplaneten weiterexistieren können?* Auf einer anderen Lebensebene, in einer anderen Dimension, einer nicht-materiellen?

Wollen wir etwa unseren Körper, dieses materielle Gebilde, *wirklich zum allein maßgebenden Faktor unseres Seins machen?* Würde dann nicht einer günstigeren oder ungünstigeren genetischen Veranlagung, mehr oder weniger reibungslos ablaufenden Körperfunktionen oder gar einem besser oder schlechter proportionierten äußeren Erscheinungsbild die unumschränkte Bedeutung für den „Wert" oder „Unwert" eines Menschen zukommen? Solche Vorstellungen erwecken zweifelsohne ein gewisses Unbehagen – und zwar nicht im Körper, sondern in unserem Bewusstsein! – verbunden mit dem inneren Sehnen, doch mehr sein zu wollen als nur der materielle Körper …

Dimensionssprung

Denken wir in unserem Gedankenexperiment weiter: Wenn uns der grobstoffliche Erdenkörper nur als Werkzeug bzw. Arbeitskleid für die Dauer unseres Erdenlebens dient, dann schlüpfen „wir selbst" – eben als geistseelische Wesenheit bzw. als Geistwesen – zum Zeitpunkt unseres sogenannten Körpertodes aus dieser manchmal abgerackerten oder geschädigten, vielleicht kranken oder missgebildeten, jedenfalls aber dichten und schweren Körperhülle heraus. Und sofort, ja augenblicklich, gewissermaßen nach dem letzten irdischen Atemzug, wechseln wir in eine andere, feinstoffliche, jenseitige Lebensebene hinüber, wo die für die unmittelbare Weiterexistenz unserer unsterblichen Geistseele entsprechenden Bedingungen herrschen und alles für unsere weitere Geistseelenentwicklung Notwendige zur Verfügung steht, wenn wir gewillt sind, dies bewusst anzunehmen.

Neue alte Bekannte

Malen wir uns ganz einfach im Geiste aus, dass wir dort empfangen werden, und zwar – bitte logisch mitdenken – ebenfalls von geistseelischen Wesenheiten ohne grobstoffliche Körperhülle, also von Geistwesen, die sich um uns fürsorglich bemühen und uns in die dortigen Lebensverhältnisse einführen und einschulen wollen. Unter ihnen finden sich zumeist auch ehemalige irdische Anverwandte wie Großeltern, Eltern, Geschwister oder Kinder, die ihr Erdenleben bereits früher beendet haben, in die jenseitige

Welt hinübergewechselt sind und dort als Geistwesen weiter-
existiert haben und immer noch weiterexistieren – wie sie uns
durch ihr Kommen zu unserem Empfang klar beweisen wollen.
Freudige Momente des Wiedersehens folgen zwischen ehemals
Blutsverwandten und jetzt Geistgeschwistern, wenn sie erkennbar sind.

Welch treuer Freund!

Noch jemand ist beim jenseitigen Empfangskomitee dabei – der
uns unser ganzes Erdenleben lang so liebevoll und umsichtig geleitet und begleitet hat, selbst wenn wir nichts von seiner Existenz gewusst oder eine solche womöglich vehement geleugnet
haben; dessen gut gemeinte Inspirationen und ernste Mahnun-
gen über unser Gewissen wir leider nur allzu oft überhört oder
bewusst ignoriert haben – unser persönlicher Schutzengel!
Für unseren Ungehorsam ihm gegenüber ernten wir von ihm
jedoch keine Vorwürfe, wie man es auf Erden wohl erwarten
würde. Nein! Ein Schutzengel kennt seinen Schützling besser
als der Schützling sich selbst und er weiß, wie schwer es sich in
einem grobstofflichen Erdenkörper auf diesem grobstofflichen
Erdenplaneten lebt, wo nicht nur die Erinnerung an den gemein-
sam vorgenommenen Lebensplan gelöscht oder zumindest stark
gedämpft ist, sondern bei der überwiegenden Zahl der Erdenmenschen auch die geistseelische Wahrnehmungsfähigkeit für
das feinstoffliche jenseitige Lebensumfeld. Unser Schutzengel
ist einfach voller Liebe und Treue zu uns, und er ist auch voller
Verständnis und Bereitschaft, uns immer wieder beizustehen,
uns in unserer geistseelischen Entwicklung zu fördern und dabei
zu helfen, Versäumnisse nachzuholen und begangene Verfehlungen wiedergutzumachen.

Neue Wertigkeiten

Spinnen wir unsere bisherigen Gedankengänge mit unserer Vorstellungskraft weiter: Wir haben also unseren Erdenkörper im Diesseits zurückgelassen (und ebenso all unser materielles Hab und Gut sowie alles im Materiellen und an Materiellem Geschaffene, denn bekanntlich „hat das letzte Hemd keine Taschen") und leben als Geistwesen in der jenseitigen Welt weiter. Das bedeutet: Alles, was in unserem Erdenleben nur unseren vergänglichen Körper und unser rein materielles Lebensumfeld betroffen hat, ist für uns vergangen, vorbei, Geschichte. Was hingegen unsere Geistseele betroffen hat, all das betrifft uns auch in Zukunft, denn all das ist in unserer Geistseele gespeichert und wird ins Jenseits mitgenommen. Und sie ist ja unsterblich, unvergänglich und existiert ewig weiter! Die Seelenenergien freilich ändern sich – entsprechend unserer weiteren geistseelischen Entwicklung.

Was ist nun das, was unsere Geistseele betrifft? – Alle unsere Gedanken (liebevolle und weniger liebevolle), alle unsere Gefühle (harmonische und disharmonische), alle unsere Worte (versöhnliche und verletzende), alle unsere Taten (Werke der Nächstenliebe und der Lieblosigkeit) usw., all das ist in unserer Geistseele festgehalten, aufgezeichnet, geprägt – vergleichbar mit einer Festplatte, auf der jede einzelne Aktion am Computer gespeichert ist. Und da unsere Geistseele nach unserem Körpertod ins Jenseits hinüberwechselt, folgen uns alle unsere selbst verursachten Prägungen in unserer Geistseele selbstverständlich nach und begleiten uns so lange weiter, bis wir sie auch selbst wieder gelöscht haben. Nichts kann verheimlicht werden, nichts geleugnet oder abgestritten!

Film ab!

Erkennen werden wir das spätestens dann, wenn wir in der jenseitigen Welt unser Erdenleben in einer Art Film vorgeführt bekommen und dann, ohne zu beschönigen, selbst betrachten und ehrlich beurteilen müssen, wie wir in jeder einzelnen Lebenssituation gedacht, gefühlt, gesprochen oder gehandelt haben – mehr oder weniger liebevoll? – und welche Folgewirkungen für andere und für uns selbst daraus erwachsen sind. Würden wir bei einer solchen Bewertung unseres Verhaltens in vielen Erdenlebenssituationen dann wohl nicht gerne andere – liebevollere – Prägungen in unserer Geistseele bewirkt haben wollen, anstatt uns oft wehmütig eingestehen zu müssen: „Hätti, wari, tati …!"

Wäre dieses Wissen – um die jedem Erdenmenschen im Jenseits unausweichlich bevorstehende Betrachtung und Beurteilung seines abgelaufenen Erdenlebens – doch nur Allgemeinwissen schon auf Erden, bei uns Erdenmenschen! *Würden sich dann nicht viele Menschen schon im Diesseits* – in ihrem ureigensten geistseelischen Interesse! – *um einen tugendhaften Lebenswandel bemühen*, um möglichst viele „Pluspunkte" auf ihrem Geistseelen-Konto verbuchen zu können? Denn alle unsere Interessen und Neigungen, Tugenden und Laster, Talente und Defizite, guten und unguten Charaktereigenschaften usw. sind in der Geistseele gespeichert und erlöschen weder mit dem Körpertod, noch werden sie damit ausgelöscht.

Eine Schlüsselfrage

Im Hinblick auf das Vorgesagte wäre es natürlich vernünftig, sich schon im Erdenleben bei all seinen Wünschen, Planungen, Bestrebungen, Aktivitäten und Kräfteeinsätzen immer wieder zu überlegen und zu fragen: *„Tue ich es für die Endlichkeit oder* *tue ich es für die Ewigkeit?"* Also: Dient es mehr oder weniger nur kurzfristigen irdischen Annehmlichkeiten, Bequemlichkeiten, Vergnügungen? Oder nur dem Körper und seinem äußeren Erscheinungsbild oder seiner Ertüchtigung zum Selbstzweck? Bleibt es einmal auf der Erde zurück und zerfällt zu Staub? Oder dient es mir für meine geistseelische Entwicklung?

Selbstverständlich bedarf unser Körper einer guten Pflege und vernünftigen Gesunderhaltung, ebenso unser notwendiger materieller Lebensraum einer entsprechenden Betreuung und Erhaltung. Soll doch der Körper als gut funktionierendes Werkzeug unserer Geistseele dienen können und unser Lebensumfeld eine gut geeignete Bühne darstellen, auf der sich unser Erdenleben „geistseelisch-gewinnbringend" abspielen kann! Und doch lassen wir beides zurück am Ende unseres Erdenlebens, unseren Körper genauso wie unser Hab und Gut. Nur unsere Geistseele wechselt ins Jenseits hinüber, und zwar mit all den Prägungen, die wir selbst mit unseren Gedanken, Gefühlen, Worten, Wünschen, Planungen, Bestrebungen, Aktivitäten, Willens- und Kräfteeinsätzen bewirkt haben. *Lohnt es sich da nicht wahrlich, schon im Erdenleben immer wieder zu überlegen und zu prüfen*, welche Prägungen in meiner Geistseele ich einmal im Jenseits mit Freude betrachten kann und nicht zähneknirschend zur Kenntnis nehmen muss, dass … – *und dementsprechend jetzt schon an meiner geistseelischen Entwicklung und Reifung zu arbeiten?*

Es ist doch gar nicht so schlimm …

Wenn ich als ewig lebendes Geistwesen vernünftig denke, mich nicht mit meinem vergänglichen Erdenkörper gleichsetze bzw. identifiziere, sondern ihn als notwendiges, nützliches Werkzeug für dieses Erdenleben, diesen so kurzen, begrenzten Abschnitt meiner Gesamt-Lebens-Existenz betrachte, dann erhalten natürlich auch vielerlei Schwierigkeiten in, an oder mit meinem Körper eine völlig neue Wertigkeit. Beeinträchtigungen, Funktionsstörungen, Defizite, Krankheiten, Gebrechen, Behinderungen usw. verlieren förmlich ihren vermeintlichen Stachel der Absolutheit, Endgültigkeit, Unwandelbarkeit, Unabänderlichkeit, Unheilbarkeit usw., wenn ich weiß, – dass der Erdenkörper und alles damit verbundene körperliche Leiden von zeitlicher Begrenztheit und spätestens mit dem Körpertod vorbei ist; – dass damit aber andererseits „nicht alles aus und vorbei ist"; – dass „das eben nicht alles war", aber auch nicht umsonst, nicht vergebens, nicht ungerecht usw. (etwa wegen der vielen Schwernisse, Mühen, Nöte oder Entbehrungen im Erdenleben eines solchen Menschen und seiner ihn betreuenden Angehörigen).

Ganz im Gegenteil! So ein nicht makelloser, nicht perfekter Erdenkörper hat für den Betroffenen, also für das damit eingekleidete Geistwesen, den Sinn, z. B. Demut und Geduld, Annehmen-Können und Gutwilligkeit, Stärke im Durchhalten, Ausdauer und Beharrlichkeit, Einsicht und Dankbarkeit zu lernen, während sich seine Familienangehörigen in Rücksichtnahme, Verständnisbereitschaft und Toleranz, Verzicht, Opferbereitschaft und tätiger Nächstenliebe üben können. Und all diese erlernten bzw. erarbeiteten Tugenden bleiben in der Geistseele geprägt und wurden für die persönliche Wesenheitsvervollkommnung erworben.

Selbstverständlich trägt ein gesunder, kräftiger, vitaler Körper viel dazu bei, dass sich die Geistseele dieses Werkzeuges zur Erfüllung ihrer Erdenlebensaufgaben besonders tatkräftig und zielführend bedienen kann und dementsprechend natürlich auch soll.

Ein Blick in die andere Richtung

Fassen wir die bisherigen Erkenntnisse aus unserem Gedankenexperiment in drei Punkten kurz zusammen:

1) Wir sind im Grunde unseres Seins Geistwesen!

2) Wir stecken für die Erfüllung bestimmter Aufgaben vorübergehend in einem materiellen Erdenkörper, den wir zum Zeitpunkt unseres sogenannten Körpertodes wieder ablegen.

3) Nach dem Ablegen dieses Erdenkörpers leben wir als Geistwesen sofort weiter, und zwar ewig in alle Zukunft. (Allerdings hängt es von unserer persönlichen geistseelischen Entwicklung ab, ob unsere Weiterexistenz auf rein geistigen Lebensebenen erfolgen kann oder eine neuerliche Inkarnation in der Materie erforderlich ist.)

Drängt sich da nicht unweigerlich die nächste logische Frage auf: *„Und was war vorher? Vor diesem Erdenleben?"* Wenn wir als Geistwesen nach unserem Erdenleben weiterleben, könnte es da nicht sein bzw. wäre es da aufgrund gewisser Fakten nicht sogar ziemlich naheliegend, dass wir als Geistwesen bereits vor diesem Erdenleben existiert haben? Ist diese Vorstellung tatsächlich so gewagt? Könnte sie nicht vielmehr Licht ins Dunkel so mancher vermeintlicher Widersprüchlichkeiten, scheinbarer Ungereimtheiten und sonstiger Erklärungsnotstände bei den ganz großen Fragen unseres Seins bringen?

Irren ist menschlich

Werden wir wirklich erst bei der Zeugung durch unsere irdischen Eltern „ins Leben gerufen"? Oder könnte der menschliche Zeugungsakt nicht einfach nur der irdisch notwendige Impuls für die Bildung unseres Erdenkörpers sein, in den wir – als bereits existierende und bis dahin in einer anderen Dimension lebende Geistwesen – zu einem gegebenen Zeitpunkt „hineinschlüpfen", um unser Erdenleben anzutreten?

Aber *wer hat uns dann als Geistwesen ins Leben gerufen?* Der Schöpfer! Er hat uns „nach seinem Ebenbild" erschaffen. Wir sind seine Kinder! Und da Gott ein Geistwesen ist – das allerhöchste, ohne Anfang und Ende, unvorstellbar und unfassbar ist seine Liebe, Weisheit und Allmacht für uns –, kann er nur wieder Geistwesen erschaffen nach seinem Ebenbild, und keine Erdenmenschen! Gleiches kann also nur wieder Gleiches bewirken. Und Gott war auch nie Erdenmensch und kann es auch nie sein, weil sich das Absolute, nie Geschaffene, nicht mit Geschaffenem, sprich der Materie, verbinden kann. Im Übrigen war Jesus von Nazareth nämlich nicht der menschgewordene Gott, sondern der menschgewordene eingeborene Sohn Gottes – Christus!

Unsere Erschaffung als reines Geistwesen nach dem Ebenbild Gottes vollzog sich schon vor Urzeiten, also bereits lange, lange vor unserer irdischen Zeugung zum Erdenmenschen. Andernfalls müsste sich ja der Schöpfer bei der Erschaffung seiner Kinder nach der Lust und Laune der Erdenmenschen richten, um bei einem irdischen Zeugungsakt – sei es in liebevoller Hingabe, in zügelloser Leidenschaft oder bei brutaler Vergewaltigung – seinen göttlichen Schöpfungsakt zu vollziehen. Oder wie verhält es sich, wenn Wissenschaftler im Zuge von künstlichen Befruchtungsszenarien Ei- und Samenzelle miteinander zur Verschmelzung zu bringen versuchen ...? Sollte sich da der

Schöpfer gar ins Labor zitieren lassen und jedweder Willkür der Erdenmenschen unterordnen?

Andererseits können sogenannte IVF-Versuche, In-vitro-Fertilisationen, also künstliche Befruchtungen, nur dann „erfolgreich" sein, sprich „funktionieren", wenn ein bereits existierendes Geistwesen bereit ist, mit den unter Zuhilfenahme der wissenschaftlichen Kunstfertigkeit im Reagenzglas zusammengefügten Zellen eine fluidale Verbindung aufzunehmen und deren weiteres Wachstum und weitere Entwicklung zu einem passenden Erdenkörper zu leiten. Wären nämlich Retortenbabys allein das „Erfolgsergebnis" der Leistungen der Reproduktionsmedizin, dann sollten doch alle Versuche klappen – oder nicht? Bewahrheitet sich hier nicht wieder einmal die tiefsinnige Botschaft eines bekannten Wienerliedes: „Wenn der Herrgott net will, nutzt es gar nix …"

Gott kann nicht irren!

In unserem Gedankenexperiment noch einmal zurück zu unserer Ebenbildlichkeit Gottes. Ja, wir sind Geschöpfe Gottes, erschaffen nach seinem Ebenbild! Aber doch nicht bezogen auf unsere derzeitige „Erdenmenschlichkeit"! *Wie sollte denn auch ein Erdenmensch* mit all seinen seelischen Schwächen und Mängeln, Untugenden, Verfehlungen usw. und seinen oft auch körperlichen Krankheiten und Gebrechen *ein „Ebenbild Gottes" sein?* Wie stünde es dann mit angeborenen Fehl- und Missbildungen, Gendefekten, Chromosomenschäden, Erbkrankheiten? Gar nicht zu reden von den Fruchtabgängen in der Frühschwangerschaft infolge nicht lebensfähiger Embryonen oder den Totgeburten. Wo bliebe denn da überall die Ebenbildlichkeit Gottes? Bitte mit der Vernunft mitdenken: Dann wäre ja Gott nicht absolut, nicht unfehlbar …

Oder **wollen wir dem Schöpfer gar unterstellen, Fehler gemacht zu haben?** Programmierfehler? Produktionsfehler? Nicht der Schöpfer ist schuld! Nein! Gott macht keine Fehler! Gott kann nicht irren! Der Irrtum liegt immer aufseiten des Geschöpfes, aufseiten des Erkenntnisschwächeren! Also muss sich unsere Ebenbildlichkeit Gottes unleugbar auf unsere Erschaffung als reine Geistwesen, die sich freiwillig zur persönlichen Vollkommenheit entwickeln sollen, beziehen – schon vor urdenklichen Zeiten, lange vor unserem jetzigen Erdenleben. Und seither leben wir ewig! Schon so lange, lange, lange …

Ein Rätsel um das andere

Noch ganz unter dem Eindruck dieser Vorstellungen wagen wir uns schon an die nächsten Fragen heran: **Sind wir etwa gar nicht als völlig „unbeschriebene Blätter" (bzw. unbelastete Geistwesen) in dieses Erdenleben getreten?** Haben wir gewisse Prägungen in unserer vorexistierenden Geistseele bereits mitgebracht? Das würde ja auch erklären, warum nicht alle Erdenmenschen, auch nicht alle Geschwisterkinder eines Elternpaares (mit ähnlichen Erbanlagen und einer um irdische Gerechtigkeit bemühten vergleichbaren Erziehung), ja nicht einmal die viel zitierten eineiigen Zwillinge zum Zeitpunkt der irdischen Geburt mit denselben „Ausgangsbedingungen" in ihr Erdenleben losstarten, sozusagen bei null anfangen.

Fragen wir uns weiter: **Woraus resultieren dann eigentlich so unterschiedliche Charaktere, Veranlagungen, Talente usw. bei Geschwisterkindern?** Hilfsbereite mit hoher sozialer Kompetenz und viel Einfühlungsvermögen in ein und demselben Geschwisterverband neben Verhaltensauffälligen, ja Verhaltensgestörten, völlig Tollpatschige neben Sportkanonen, Hochbegabungen und Virtuositäten bei Kindern von nur unterdurchschnittlich intelligenten Eltern und umgekehrt? – ohne damit auch nur irgendwelche Werturteile abgeben zu wollen! Die Vorexistenz unserer Geistseele mit teils positiver, teils negativer Entwicklung vor diesem Erdenleben hat eben Auswirkungen auf das Erdenmenschsein und macht sich früher oder später durch den Körper hindurch in verschiedener Form bemerkbar.

So ist auch nicht der Schöpfer als womöglich strafender Gott schuld an unseren persönlichen Unzulänglichkeiten, Schwierigkeiten, Krankheiten, an unseren Sorgen und Nöten! Denn Gott straft nicht und Gott kann nicht strafen. – Gott ist die Liebe!

Es herrscht auch weder ein Zufallsprinzip im Sinne einer Glücks- oder Pechlotterie, noch waltet ein sinnloses Schicksalsgeschehen blind und willkürlich über uns – beides würde der weisen Ordnung in den göttlichen Gesetzen widersprechen!

Oder *wie kann etwa der sogenannte „Sündenfall von Adam und Eva"* (deren freiwilliges Übertreten der göttlichen Ordnungsgesetze, also deren persönlicher „Abfall von Gott") *die Ursache dafür sein, dass wir bei unserer Erschaffung die sogenannte „Erbsünde"* quasi als Ausdruck einer Kollektivschuld *in unsere Geistseele eingeprägt bekommen haben sollten?* Wie wäre das mit der Vorstellung eines absoluten, unfehlbaren, allgerechten, allgütigen und all-liebenden Schöpfers vereinbar?

Nicht die Verfehlungen von Adam und Eva folgen uns nach, sondern einzig und allein wir selbst haben in unseren Vorleben die Ursachen gelegt, es sind immer unsere eigenen Verfehlungen seit unserer Abkehr von Gott, d. h. dem Heraustreten aus seinen Liebesgesetzen, die uns als Karmalast durch unsere Gesamtlebensexistenz so lange nachfolgen, bis wir sie wiedergutgemacht, gelöscht haben!

Schuld an unseren persönlichen Unzulänglichkeiten, Schwierigkeiten, Krankheiten, Sorgen und Nöten ist also nicht der Schöpfer, nicht der Zufall (den es in der göttlichen Ordnung gar nicht geben kann), sind auch nicht Adam und Eva, noch unsere irdischen Eltern oder sonst irgendjemand anderer. Wer ist es dann? – Wir selbst sind es! Ich selbst bin es! Du selbst bist es! Jeder selbst ist seines Glückes oder Unglückes Schmied!

2. Abschnitt

Der Knackpunkt

Für alle Scharfdenker stellt sich spätestens jetzt die Frage: Was war mit uns in der Zeit zwischen unserer Erschaffung als reine Geistwesen vor urdenklichen Zeiten und unserem jetzigen Erdenleben als mehr oder weniger fehlerbehaftete Menschen? – ??? – Mit dieser Kardinalfrage streben wir dem springenden Punkt unseres Gedankenexperiments zu.

Wer ehrliches Interesse und den erforderlichen Mut hat, geistwissenschaftliche Aufklärung über seine bzw. unsere geistseelische Vergangenheit zu erhalten, mache sich jetzt so gut wie möglich frei von fixen Vorstellungen und Verstandesdenkmustern und bemühe sich um ein unvoreingenommenes und vorurteilsfreies Mitdenken mit der Vernunft.

Unser geistiger Ursprung

Der Schöpfer in seiner absoluten Liebe erschuf uns tatsächlich nach seinem Ebenbild, als seine Kinder, und zwar als Geistwesen, als reine, makellose, fehlerfreie Geistwesen. Auf unseren geistigen Lebensweg gab er uns Geschöpfen, seinen Kindern, allerdings die Bestimmung mit, uns mit dem von ihm erhaltenen freien Willen zu unserer ganz persönlichen Geistwesen-Vollkommenheit zu entwickeln und damit ihm ähnlich zu werden, gemäß dem Auftrag Jesu Christi: „Werdet ähnlich vollkommen, wie es euer Vater im Himmel ist!"

Gott erschuf seine Kinder also nicht als fixfertige vollkommene Geschöpfe, er „programmierte" uns nicht mit einem fix vorherbestimmten, unabänderlich ablaufenden Programm – denn sonst wären wir ja Marionetten, die gar nicht anders funktionieren könnten, als ihr Programm laut Programmierung abzuspielen. Nein! Gott will Kinder, die freiwillig in der göttlichen

Ordnung leben und nicht, weil sie aufgrund der fixen Programmierung gar keine andere Wahl, gar keine persönliche Entscheidungsfreiheit haben. Gott ist doch ein liebender Vater, der seine Kinder aus Liebe erschuf und von ihnen freiwillig, aus ihrer sich immer mehr zur persönlichen Vollkommenheit entwickelnden Liebe heraus, wieder geliebt werden will.

Unser Gottesurlichtfunke und seine Attribute

Um nach der göttlichen Ordnung in der Liebe, in der Weisheit und in allen göttlichen Tugenden zu wachsen und uns bis zu unserer persönlichen Geistwesen-Vollkommenheit zu entwickeln, dazu erhielten wir vom Schöpfer mit unserem Gottesurlichtfunken, dem geistigen Ursprung unserer Gotteskindschaft, drei Attribute: die Liebe, die Vernunft und den freien Willen.

In diesem freien Willen lag aber auch die Wahlmöglichkeit der Kinder Gottes, die göttlichen Gesetze einzuhalten oder sie zu übertreten, ihre Vernunft gottgewollt einzusetzen oder sie zu missbrauchen, sich für ein Leben in Liebe zu entscheiden oder die Liebe zu fliehen, dem Schöpfer immer ähnlicher zu werden oder sich von ihm weg zu begeben, in die Gottferne.

Wie soll das möglich gewesen sein – in den herrlichen Ursonnen, einer paradiesischen himmlischen geistigen Heimat, wo nur Liebe, Frieden und Harmonie herrschen, sowohl zwischen den Geschöpfen und ihrem Schöpfer als auch zwischen den Geschöpfen untereinander? Wer es wirklich wissen will, aktiviere jetzt seine Vorstellungskraft!

34

Die göttliche Ordnung

Gott, das einzige ohne Anfang und Ende ewig existierende Geistwesen, ist ein Gott der Ordnung, und diese Ordnung spiegelt sich auch in seiner Schöpfung wider. Über für erdenmenschliche Begriffe unvorstellbar lange Zeiträume lebten seine Geschöpfe in wahrlich paradiesischen himmlischen Gefilden und setzten ihren gottgeschenkten freien Willen dazu ein, ihre geistige Entwicklung zu fördern, an Weisheit zuzunehmen und in der Liebe zu wachsen. Denn jedes Kind Gottes hat bei seiner Erschaffung vom Schöpfer eine ganz bestimmte Aufgabe bzw. Funktion zugeteilt bekommen, die es in seiner erreichten persönlichen Vollkommenheit auch erfüllen soll.

Christus, der König

Christus ist unter allen Geschöpfen das erste und höchste von Gott erschaffene Geistwesen. Er ist die einzige direkte Erschaffung Gottes, der sogenannte erstgeborene oder eingeborene Sohn, der dem Vater in seiner Wesenheit Ähnlichste und Vorzüglichste. Alle nachfolgenden Geschöpfe traten durch Gott und Christus in ihr Lebensdasein: Von Gott, von dem sie dem Geiste nach erschaffen sind, erhielten sie mit dem Gottesurlichtfunken Licht von seinem Licht, rein Geistiges also, Licht, das als solches außerhalb des Schöpfers gar nicht existieren kann. Dazu bedurfte es der Vermittlung von Christus, der jeden einzelnen „freigegebenen" Gottesfunken auf Geheiß des Schöpfers mit seinem Christuslicht umhüllte, wodurch die Grundlage für selbstständig lebensfähige Geistwesen gelegt war. Übrigens wurden mit Ausnahme von Christus, dem eingeborenen Sohn, alle anderen Geistwesen als Dualpaare erschaffen, aus einem gebenden, väterlichen, männlichen „Prinzip" und einem empfangenden, mütterlichen, weiblichen. Die weitere Umhüllung bzw. Einkleidung der Dualpaare erfolgte durch die „geistigen Eltern". Und so bildete sich sukzessive eine große geistige Lebensgemeinschaft reiner Geistwesen.

Christus selbst war es auch, der vom Schöpfer zum König über alle anderen Geschöpfe und die gesamte Schöpfung bestimmt und gesalbt wurde. Seine Macht, Größe und seine Königswürde erhielt er also von Gott. Dieser Königswürde wurde und wird Christus in verantwortungsvoller Beachtung und Einhaltung der göttlichen Ordnung und in unvorstellbar großer Liebe zu seinen ihm vom Vater anvertrauten Geschwistern gerecht.

Hochmut kommt vor dem Fall

Doch irgendwann nahm das Übel seinen unheilvollen Anfang: Einer unter den Geschöpfen begann sich gegen die göttliche Ordnung aufzulehnen, und zwar gegen die königliche Vormachtstellung von Christus. Es war Luzifer, der nach Christus Zweiterschaffene, der Lichtträger! Luzifer, der hohe Lichtengel, wollte aber „mehr", er wollte Erster sein und nicht Zweiter, er wollte selbst König sein. Und damit hat Luzifer seinen gottgeschenkten freien Willen missbraucht! Hochmut ist in ihm aufgekeimt, Mehr-sein-Wollen, Mehr-haben-Wollen, Mehr-gelten-Wollen …!

Die Revolution gegen Christus

Ein verhängnisvoller Plan reifte in Luzifer: Er wollte seinen Bruder stürzen, er wollte Christus die Königswürde entreißen. Zu diesem Zweck warb Luzifer nun unter den anderen Geistwesen um Gesinnungsgenossen für seinen Umsturzplan, für seine

Revolution gegen Christus, indem er ihnen unter seiner Gefolgschaft und erhofften späteren Königsmacht mehr Macht und Einfluss, höhere Aufgaben und Ämter, aber auch mehr Rechte und Freiheiten versprach. Wieder war es also das Streben nach „mehr", das zunächst einige wenige, dann aber immer mehr bis dahin Gott und Christus treue Anhänger das Lager wechseln ließ. Auch sie betätigten ihren freien Willen gegen die göttliche Ordnung, gegen die Vernunft, gegen die Liebe und gegen Christus.

Der Schöpfer in seiner Langmut und unendlichen Liebe respektierte den freien Willen seiner Kinder und sah – ganz menschlich gesprochen – diesem Treiben zunächst zu, in der Hoffnung auf Besinnung und Reue bei den Abtrünnigen, auf ihren freiwilligen Entschluss zur Korrektur ihrer Fehlgesinnung und auf ihre Rückkehr in die göttliche Ordnung. Allein sie wollten es anders!

Der sogenannte Engelsturz

Als Luzifer und sein Anhang zum entscheidenden Schlag gegen Christus ausholen wollten, wurden sie von den Wirkungen der göttlichen Gesetze, die sie übertreten hatten, erfasst und in der göttlichen Ordnung aus den Lichtreichen ihrer geistigen Heimat, den ersten Ursonnen, ausgesondert. Schwingungsmäßig passten sie aufgrund ihrer nicht mehr Gott wohlgefälligen Gesinnung dort ja gar nicht mehr hin. „Wie ein Blitz" stürzten Luzifer und seine Anhänger aus den Himmeln in die Tiefe. Und so ist Luzifer, der ehemalige Lichtträger, zum Satan, dem Fürsten der Finsternis, geworden. Und er ist es auch heute noch!

Der Heils- und Befreiungsplan

Nach diesem freiwilligen Abfall eines Teils der Geistwesen in die Tiefe stand Gott diesem Geschehen aber nicht hilflos gegenüber, sondern legte den Heils- und Befreiungsplan fest, um allen Abgefallenen wieder die Möglichkeit zur Umkehr, zur Rückkehr in die geistige Heimat zu geben. Im Auftrag des Schöpfers wurden die im Rückführungsplan vorgesehenen Besserungsstufen geschaffen, über welche die freiwillig abgefallenen Geistwesen durch Gesinnungsänderung und dementsprechend freiwillige Fehlerbereinigung wieder aufsteigen sollten. So entstanden die zweiten Ursonnen als neue Lebensebene für die aus den ersten Ursonnen Abgefallenen. Diese zweiten Ursonnen waren in ihrer Ausgestaltung schwingungsmäßig angepasst an den niedereren geistseelischen Entwicklungszustand der abgefallenen Geistwesen.

Einsichtige und Uneinsichtige

Unzählige Hilfestellungen zu ihrer Besinnung und Rückkehr in ihre geistige Heimat wurden den Abgefallenen von ihren Gott und Christus treu gebliebenen Geschwistern – und das ist die große Mehrzahl! – wieder und wieder geboten, doch leider oft und oft zurückgewiesen. Viel zu wenige waren es nur, die sich rechtzeitig besannen, ihre Gesinnung änderten, ihre Verfehlungen bereinigten und wieder in die ersten Ursonnen zurückkehren konnten, um sich dort zu ihrer persönlichen geistseelischen Vollkommenheit weiterzuentwickeln. Allzu viele blieben leider allen Aufklärungs- und Versöhnungsversuchen gegenüber uneinsichtig und ablehnend, immer gottferner wurde ihre Gesinnung, sie fielen weiter ab, und dementsprechend konnten sie auch in den zweiten Ursonnen nicht bleiben, sondern wurden auch dort ausgesondert. So waren die zweiten Ursonnen schließlich leer geworden.

Dadurch war eine große Kluft entstanden: zwischen den abgefallenen Geistwesen (= Satan und den zu Dämonen gewordenen Geistwesen), für die mittlerweile die dritten Sonnen als neue, ihrem noch niederer gewordenen geistseelischen Entwicklungszustand adäquat schwingende Lebensebenen geschaffen worden waren, auf der einen Seite – und auf der anderen Seite den Gott und Christus gegenüber gehorsam und treu gebliebenen oder wieder zurückgekehrten Geistwesen in den ersten Ursonnen.

Erstlingsgeistwesen und Embryogeistwesen

Um diese Kluft zu überbrücken, wurden vom Schöpfer „neue" Geistwesen ins Leben gerufen, als Bewohner für die frei gewordenen, leeren zweiten Ursonnen. Wieder waren es Kinder Gottes nach seinem Ebenbild, ausgestattet mit Gottesurlichtfunken und Christuslicht, erschaffen als reine Geistwesen, als Dualpaare, mit der Bestimmung zur persönlichen Vollkommenheit. Ergänzend sei erwänt, dass die ursprünglich in den ersten Ursonnen erschaffenen Geistwesen als Erstlingsgeistwesen bezeichnet werden, während diese jetzt in den zweiten Ursonnen erschaffenen Geistwesen als Embryogeistwesen oder Paradiesesgeistwesen bezeichnet werden.

Diese Embryo- oder Paradiesesgeistwesen hätten als Verbindungs- und Versöhnungsglied zwischen den abgefallenen Erstlingsgeistwesen in den dritten Sonnen und den nicht abgefallenen oder wieder zurückgekehrten Erstlingsgeistwesen in den ersten Ursonnen wirken und sich selbst ebenfalls zu ihrer persönlichen Vollkommenheit in den zweiten Ursonnen entwickeln sollen. Von den sie betreuenden Erstlingsgeistwesen wurden diese Embryogeistwesen darüber aufgeklärt und belehrt, dass es Dämonen gibt, also Erstlingsgeistwesen, die dem Schöpfer untreu geworden und abgefallen sind. Ebenso wurden sie davor gewarnt, dass von diesen Dämonen verschiedenste raffinierte Versuchungen, Verlockungen, Täuschungen, Hinterlistigkeiten, Tricks usw. an sie herangetragen werden, um auch sie zum Abfall von Gott zu verführen.

Ein zu schwacher Willenseinsatz vieler, vieler Embryogeistwesen im Widerstehen gegenüber den Verführungstaktiken und Versuchungsstrategien der Dämonen führte in der Folge auch zu ihrem Abfall von Gott. So wechselten jene Embryogeistwesen die Seite, weg von ihrem so liebevoll waltenden König Christus, hin zu Satan, dem Fürsten der Finsternis.

Tiefer, tiefer, immer tiefer …

Immer unbelehrbarer, uneinsichtiger, unversöhnlicher, grimmiger wurde die Gesinnung Satans und der Dämonen, sodass sie immer weiter in die Gottferne abfielen, und leider gingen allzu viele Embryogeistwesen in die Tiefe mit. Vierte Sonnen, fünfte Sonnen, sechste Sonnen, Planetenwelten wurden als immer tieferschwingende, dichtere Lebensebenen notwendig – ganz der lieblosen Gesinnung der abgefallenen Geistwesen entsprechend angepasst. Bei „unserer" Sonne, um die auch „unser" Planet Erde kreist, handelt es sich im Übrigen um eine sogenannte sechste (!) Sonne. Und bei „unserer" Erde handelt es sich um eine sogenannte siebente (!) Weltstufe im Einflussbereich Satans.

Im Reich der Finsternis

Satan ist also zum Gegenspieler Christi (nicht des Schöpfers!) geworden und führt in seinem Reich der Finsternis eine rücksichtslose Gewalt- und Zwangsherrschaft über seine mitgefallene Gefolgschaft, gnadenlos und unerbittlich gegenüber seinen Untergebenen.

Niemand konnte heraus, selbst diejenigen nicht, die inzwischen reumütig ihr Unrechttun – ihr Wirken gegen den göttlichen Willen – erkannt und ihre Schuld eingesehen hatten und zurück wollten, ins Licht, zu Christus, gegen den sie sich aufgelehnt hatten. Denn alle, die Satan in sein Reich gelockt hatte und mit ihrem freien Willen zu ihm übergewechselt waren, musste Satan nicht mehr freilassen. Dieses Recht hatte ihm der Schöpfer, der den freien Willen seiner Geschöpfe achtet, verbrieft.

Eine entscheidende Weichenstellung

Aber der Schöpfer will doch alle seine Kinder wieder bei sich haben! Alle sollen wieder zu ihm zurückkehren können, und zwar freiwillig! Da bedurfte es eines nächsten ganz großen Schrittes im Heils- und Befreiungsplan des Schöpfers, um all denjenigen, die aus der Gewaltherrschaft Satans freikommen und wieder zurückkehren wollen, das Tor zu öffnen und den Heimweg ins Licht, in ihre geistige Heimat zu ermöglichen.

Zu diesem Zweck sollte ein hohes, bereits zu seiner Vollkommenheit entwickeltes Geistwesen freiwillig – aus Liebe zu seinen abgefallenen, rückkehrwilligen, jedoch im Herrschaftsbereich Satans mit Gewalt festgehaltenen Geschwistern – in einer Liebesmission eine grobstoffliche Inkarnation als Mensch auf Erden, dem Herrschersitz Satans, auf sich nehmen. In dieser Liebesinkarnation sollte dieses Geistwesen in Gehorsam und Treue zu Gott allen Versuchungen und Verführungskünsten Satans und seiner Vasallen gegenüber standhaft bleiben. Selbstverständlich sollten in der göttlichen Gerechtigkeit für dieses bereits vollkommene Geistwesen in seinem Erdenleben dieselben geistigen Bedingungen und Gesetzmäßigkeiten gelten wie für alle anderen Erdenmenschen auch. Das bedeutet z. B., dass es als Erdenmensch keine Rückerinnerung an seine Vorexistenz hat, also weder an seine hohe geistige Entwicklung noch an seine hohe Stellung in seiner lichten geistigen Heimat; oder dass es aufgrund der dichten grobstofflichen irdischen Verhältnisse auch seine persönlichen geistigen Kräfte und Fähigkeiten nur bedingt und eben adäquat den auf dieser Erde herrschenden Naturgesetzmäßigkeiten einsetzen kann.

Ein großes Wagnis

Also war mit dieser freiwilligen Erdeninkarnation für so ein Geistwesen ein großes Risiko verbunden: Die Gefahr, als Erdenmensch im direkten Einflussbereich Satans und seiner Vasallen, deren Versuchungen und Verführungskünsten nicht widerstehen zu können, sondern ihnen selbst zum Opfer zu fallen. Im Klartext: Die Gefahr des Abfalls von Gott! Damit wäre dieses hochentwickelte Geistwesen nicht nur in seiner Mission gescheitert, sondern darüber hinaus selbst – und zwar selbstverschuldet! – in das Reich Satans geraten, und es würde dort gesetzmäßig mit Gewalt festgehalten und an seiner Rückkehr in die geistige Heimat gehindert werden dürfen.

Im Laufe der Menschheitsgeschichte sind doch immer wieder hohe Geistwesen z. B. als Propheten zur Erde gesandt worden, um den Erdenmenschen geistige Wahrheiten zu verkünden, Lebensrichtlinien zu geben für das Erkennen-Können und Ablegen-Können ihrer negativen Gesinnung und Seelenzustände.

Aber leider bestanden viele von ihnen ihre freiwillig auf sich genommenen Missionen auf dieser Erde unter dem Druck der satanischen Mächte nicht, sondern verfingen sich als Erdenmenschen in den ausgeklügelten Fangnetzen der Verführer und Versucher. Denn Satan wollte und will stets verhindern, dass ihm seine Gesinnungsgenossen, Gefolgsleute und Mitläufer entkommen. Deshalb hat er es ganz besonders auf diese von oben inkarnierten Lichtträger abgesehen, die er ja auch im Erdenkörper an ihrer Geistseelenausstrahlung erkennen kann und die ihm natürlich ein Dorn im Auge sind.

Bewährung

Christus selbst war es, das höchste Geschöpf Gottes, der gesalbte König, gegen den ja die Revolution gerichtet war, der sich zu dieser Liebesmission bereiterklärte und freiwillig Erdenmensch wurde!

In seinem Erdenleben als Jesus von Nazareth wurde er uns Menschen nicht nur zum Verkünder der Liebeslehre und Vorlebemeister eines nächstenliebenden und Gott wohlgefälligen Lebenswandels, sondern er widerstand – wohlgemerkt als Erdenmensch, ohne auf seine Macht und Rechte als gesalbter König der Geisterwelt zurückgreifen zu können! – allen Versuchungen und Verführungskünsten Satans. Bis zu seinem letzten Atemzug am Kreuz ließ er sich nicht zum Abfall von Gott verführen, sondern blieb seinem Vater auch als Mensch Jesus treu, was ja die Vorbedingung dafür war, dass der aus seinem mit dem Kreuzestod abgelegten Jesus-Körper befreite Christus „hinabsteigen" konnte „in die Hölle" bzw. in das Reich Satans, des geistigen Todes.

Befreiung

Dort trat Christus jetzt als König der Geisterwelt auf, ausgestattet mit aller ihm vom Schöpfer zuerkannten Machtbefugnis. Doch der geistige Kampf, der sich damals im Reiche Satans zwischen dem Erstgeborenen und dem Zweitgeborenen abgespielt hatte, war kein Vernichtungskampf, sondern ein Kampf in der Liebe, ein Befreiungskampf. Satan, der in weiterer Folge von Christus mithilfe der Legionen von St. Michael in den tiefsten Höllensphären besiegt worden war, wurde nämlich von Christus nicht „vernichtet" oder „ausgelöscht" – wovor Satan eine wahrlich „höllische Angst" hatte, was aber in der Liebe Christi und in den Gesetzen des Schöpfers gar nicht möglich ist. Nein, es wurden „nur" seine bisher uneingeschränkten Herrscherrechte in seinem Reich der Finsternis gegenüber seinen Untergebenen neu festgelegt:

Neue Abmachung

Auf Geheiß des Schöpfers muss Satan seither alle seine Gefolgsleute, Anhänger, Mitläufer, Sympathisanten, die ihre Gesinnung geändert haben oder in Zukunft ändern werden und freiwillig zurück wollen ins Licht, in ihre geistige Heimat, freilassen! Und dieser geistigen Abmachung, die auch „Das Letzte Gericht" genannt wird, stimmte Satan aus Angst vor seiner von ihm befürchteten persönlichen Auslöschung freiwillig zu. Und damit war das Tor geöffnet, war der Weg frei, hinaus aus dem Reich der Finsternis!

Satan und seine Anhänger dürfen zwar nach wie vor versuchen, mit ihren raffinierten Verlockungen und Verführungen die Rückkehrwilligen vom Wiederaufstieg abzuhalten, dürfen sie aber nicht mehr mit Gewalt daran hindern. Dementsprechend setzen der Herr der Tiefe und seine Helfershelfer alles daran, um die ihnen Entkommen-Wollenden wieder einzufangen. Auch heute noch. Auch auf dieser Erde.

Vergegenwärtigen wir uns nur die derzeitige Situation auf dieser Erde in Bezug auf erkennbare satanische Strategien: Machtstreben, Kräftemessen, Herrschsucht, Zerstörungswut, Hass und Gewalt, Krieg und Terror, Fanatismus und Aggressionen, Lügen, Intrigen, Betrügereien, Skandale, Gesetzlosigkeit und Anarchie, Egoismus und Materialismus, Leugnung der Existenz Satans, Bekämpfung der Liebeslehre Jesu Christi, Unglaube, Atheismus, Agnostizismus, Gottlosigkeit, Erkaltung der Nächstenliebe usw.

Wie schwer wird es dadurch all den Menschen gemacht, die sich um die Erhaltung und Wiederherstellung von Frieden und Harmonie bemühen, die sich einsetzen für Verständnisbereitschaft und Toleranz, Nachsicht und Barmherzigkeit! Wie belächelt oder sogar lächerlich gemacht werden heute jene immer mehr, die sich zu ihrem Glauben an Gott bekennen und diesen auch nach außen leben; die sich in ihrem Erdenleben um die Befolgung der Liebeslehre Jesu Christi bemühen und persönlich zu deren Verbreitung beitragen; die dementsprechend ihren Mitmenschen im Sinne der christlichen Nächstenliebe weiterhelfen wollen, damit diese auf der Basis der Liebeslehre Jesu Christi ihre persönlichen Verfehlungen bereinigen und sich aus ihren selbstverschuldeten Bindungen befreien können! *Spiegelt sich im heutigen Weltgeschehen die satanische Strategie – Teile und herrsche! – leider nicht nur allzu deutlich wider?*

Selbstreflexion

Wahrscheinlich tauchen jetzt so manche Fragen in meinem Inneren auf, wie z. B.: War ich einst auch dabei? Habe ich mich auch anstacheln und aufschaukeln lassen gegen Christus und mich gegen ihn aufgelehnt, damals, als ich noch ein reines Geistwesen war, und zwar ein reines Embryogeistwesen? *Habe ich als Kind Gottes mit meinem freien Willen auch gegen die Ordnung des Vaters verstoßen*, seine Liebesgesetze übertreten und dadurch Schuld auf mich geladen, die jetzt in allen Einzelheiten als Belastungen in meiner Geistseele geprägt ist? *Bin ich auch in die Tiefe mitgegangen?* Wie weit? Wie tief? Eine Stufe und gleich wieder zurück? Mehrere Stufen? Oder immer uneinsichtiger werdend bis auf materielle Weltenstufen und hoffentlich nicht noch tiefer als auf diese Erde?

Und trotzdem ist unser Gottesurlichtfunke, unser „Geist", bei uns Abgefallenen noch genauso hell und strahlend wie bei unserer Erschaffung als reine Geistwesen – denn was von Gott ist, ist unwandelbar in alle Ewigkeit! Aber dieses göttliche Licht kann jetzt nicht mehr so ungehindert bzw. ungebrochen durch unsere Seelenhülle durchstrahlen. Warum? Weil wir infolge unserer vielen Übertretungen der Gesetze Gottes durch Verfehlungen und Belastungen unsere ehemals reine Seelenstruktur damit immer mehr geprägt, immer mehr verdichtet, immer mehr getrübt haben. Und so wurde nicht nur das Licht unseres Gottesurlichtfunkens verdunkelt, sondern auch unser geistiges Bewusstsein. Und diesen Umstand empfinden wir jetzt recht leidvoll und schmerzlich als Trennung und Verlassensein, als Bewusstseinsschwäche und Gottferne.

Der Weg zurück

Aber wie tief wir auch abgefallen sein mögen – in der göttlichen Barmherzigkeit dürfen wir wieder zurückkehren! In der göttlichen Gerechtigkeit müssen wir uns diesen Rückweg jedoch selbst erkämpfen, durch Arbeit an unserer Seele, also durch

Sühnen und Wiedergutmachen unserer Verfehlungen, indem wir uns wieder – freiwillig – in die Ordnung des Schöpfers fügen und uns seinen Gesetzen anschmiegen. Durch jedes Bereinigen unserer Fehler und Schwächen, durch jeden Abbau unserer Untugenden und ganz besonders durch jedes nächstenliebende Tun wird unsere Seele wieder ein bisschen mehr aufgehellt und wir werden energiereicher und bewusstseinsstärker. Denn Hochmut kommt vor dem Fall, und die Demut (= der Mut zum Dienen) ist die erste Sprosse auf der Himmelsleiter aufwärts! Und das kann ein ganz schön mühsamer Rückweg sein, den wir einzig und alleine uns selbst zuzuschreiben haben und niemand anderem in die Schuhe schieben können.

Wie kann so ein Rückweg verlaufen? Auf alle Fälle über Läuterungsstufen! Ohne Läuterung und Wiedergutmachung unserer Verfehlungen können wir nämlich nicht in unsere geistige Heimat zurückkehren. So ein Läuterungsweg wird ganz unterschiedlich verlaufen – je nach persönlichen Verfehlungen und Belastungen – und kann eben auch grobstoffliche Inkarnationen auf dieser Erde oder auf anderen materiellen Planeten erfordern, wo uns jedenfalls überall reichlich Gelegenheiten geboten werden, unsere Seele von den dunklen Flecken zu säubern, die wir uns selbst eingehandelt haben.

Dazu bedarf es jedoch – wie schon gesagt – immer unserer ureigensten Arbeit an uns selbst, um uns von unseren selbst geschaffenen negativen Bindungen und Verstrickungen mit anderen Geistwesen bzw. Menschen zu befreien! Hilfreich dazu sind: Das bedingungslose Ja zu unserem selbstgewählten Erdenlebensschicksal; unsere Bereitschaft, Schwernisse demütig anzunehmen und willig zu (er)tragen; beharrlich Widerstand zu leisten gegen die an uns herangetragenen Versuchungen und Verführungen; erfahrene Ungerechtigkeiten und erlittene Schädigungen zu vergeben, zu verzeihen und zu vergessen; und ganz besonders unser Bemühen, so viele Liebestaten wie nur möglich zu verwirklichen. Wird doch dem, der viel liebt, bekanntlich viel vergeben (wenn es aus aufrichtiger Gesinnung und nicht aus Berechnung geschieht)! Mit dem Befolgen der Liebeslehre Jesu Christi treten wir seine Nachfolge an – „Niemand kommt zum Vater denn durch mich!" – und damit den sicheren Rückweg in unsere geistige Heimat. Will doch Gott alle seine Kinder wieder bei sich haben!

Wer sich hingegen der Gnade Gottes, den Läuterungsmöglichkeiten seines Erdenlebens widersetzt und seinen sich selbst vorgenommenen Inkarnationsplan nicht erfüllen will, dem ergeht es so ähnlich wie einem Schüler, der ein Pflichtschuljahr nicht erfolgreich absolviert hat: Der eine muss die Schulklasse wiederholen, der andere zu einer neuerlichen materiellen Inkarnation antreten, und zwar so oft, bis der Lern- bzw. Läuterungsprozess geschafft ist. Erst dann, wenn unsere Verfehlungen, die der Wiedergutmachung in einer grobstofflichen Inkarnation bedürfen, bereinigt sind, haben wir uns durch Arbeit an uns selbst aus dem sogenannten „Rad der Wiedergeburt" selbst befreit. Dann geht das Lernen wieder weiter, auf verschiedenen halbmateriellen, fluidalen und rein geistigen Ebenen – um unsere Verfehlungen, Belastungen und Bindungen mit vielen, vielen anderen Geistwesen dort wiederaufzulösen, wo wir sie verursacht haben.

Schuld und Sühne

Nicht alle Geistwesen haben sich durch ihren Abfall von Gott gleichartig belastet. Ein Gutteil von ihnen sind die sogenannten Interessen-Mitläufer, also jene hin- und hergerissenen Wankelmütigen, die oft gar nicht eindeutig Position für oder gegen Christus beziehen wollten, für oder gegen Luzifer bzw. Satan, sondern letztlich den Verführern nur zustimmten, weil sie z. B.

ihr Dual, ihre geistigen Familienmitglieder oder „gute Freunde" (die sich rückblickend allerdings nicht als solche erwiesen haben) nicht enttäuschen oder im Stich lassen wollten – und dadurch beim Abfall einfach so mittaten, ohne wirklich innere Überzeugung. Beim Abfall kam es allerdings auch zum Zerreißen des Dualbandes und damit zur Trennung der Dualpaare.

Mit solchen Geistwesen ist der Schöpfer gnädig in seiner Gesetzesanwendung, denn in seiner Weisheit, Gerechtigkeit und Barmherzigkeit unterscheidet er sehr genau zwischen so einer Willensschwäche der Mitläufer – und der bösartigen Gesinnung der Anstifter bzw. Rädelsführer, voller Hochmut, Bosheit, Hinterlist und Täuschung. Es würde ja der göttlichen Gerechtigkeit widersprechen, das unterschiedliche Ausmaß an Schuld von Verführern und Verführten gleichermaßen sühnen zu lassen.

An dieser Stelle sei ein wichtiger Hinweis angebracht zu dem leider immer noch grassierenden Angstgespinst einer „ewigen Hölle" mit ihren „ewigen Höllenqualen": Die sogenannte Hölle mit ihren Qualen unter Satan, der dort immer noch unvorstellbar lieblos regiert, existiert tatsächlich, aber nicht auf ewig! Denn *wie wäre die angstbehaftete Vorstellung von einer ewigen Verdammnis mit ewigen Qualen in einer ewigen Hölle – mit einem unendlich liebenden, gütigen und barmherzigen Schöpfer in Einklang zu bringen?* Gott ist die Liebe! Er liebt! Uneingeschränkt! Grenzenlos! Unendlich! Ewig! Und er liebt alle seine Kinder gleich, auch wenn sie von ihm weggegangen sind. Und er will sie alle wieder bei sich haben – auch Satan, den ehemaligen Lichtträger Luzifer, den Zweiterschaffenen! Alle werden einmal freiwillig wieder zurückkehren, auch Satan, allerdings als Allerletzter, denn: Der Erste (beim Abfall) wird der Letzte (bei der Heimkehr) sein!

Der Wille Gottes, dass sich alle seine Kinder freiwillig zur Vollkommenheit entwickeln sollen, ist – geistig betrachtet – ein göttliches Gesetz. Und Gesetze Gottes erfüllen sich immer! Nur die Zeitspanne dafür ist nicht vorgegeben, denn der freie Wille seiner Geschöpfe ist maßgebend dafür. Und letztendlich geschieht doch alles so, wie es der Schöpfer will!

Vorhang zu!

Immer dann, wenn wir im Zuge unserer Aufstiegsentwicklung auf unserem Rückweg in die geistige Heimat in einen materiellen Erdenkörper „hineinschlüpfen", um Not wendende Entwicklungsschritte in einer materiellen Inkarnation vollziehen zu können, erlischt für uns Menschen die geistige Erinnerung an unsere Vorleben, an unsere oft wenig rühmliche Vorgeschichte – in der Gnade Gottes! Würden wir mit unserem irdischen Gehirndenken nämlich alles wissen oder abrufen können, was wir seit unserem Abfall von Gott an Belastungen auf uns geladen haben, dann würden wir wohl unter dieser Last und im Wissen um das Wiedergutmachen-Müssen (eines Teiles davon in diesem Erdenleben) zusammenbrechen, verzweifeln. Doch so holt uns eben Schritt für Schritt, immer gerade zur rechten Zeit und im richtigen Maß nur so viel davon ein, wie wir mit gutem Willen gerade bewältigen können. Und selbst da jammern wir Menschen: „Es ist zu viel!", „Es ist zu schwer!", „Wie ungerecht!", *„Warum gerade ich?"* usw.

3. Abschnitt

Theorie und Praxis

Wer diesem Gedankenexperiment bis hierher gefolgt ist und sich jetzt die berechtigte Frage stellt: *„Ja, und wie kann ich das alles im täglichen Leben einsetzen und umsetzen?"*, zeigt ehrliches Interesse für praktische Anwendungsmöglichkeiten im Erdenlebensalltag. Einem solchen Fragesteller sei der folgende Abschnitt wärmstens ans Herz gelegt, denn darin eröffnen sich ihm vermutlich ungeahnte Perspektiven für ein besseres Verstehen-Können verschiedenster bisher sinn- und zwecklos oder gar unerträglich scheinender Lebenssituationen und in weiterer Folge äußerst hilfreiche und geistig zielführende Bewältigungsstrategien. Es bedarf dafür nur der Bereitschaft und eines guten Willens, um in dieser Sicht- und Denkweise zu schlussfolgern.

Jetzt stehen wir also in diesem Erdenleben und wissen nichts von alledem, nichts von unserer persönlichen Vorgeschichte, was ja, wie schon gesagt, auch nicht notwendig ist. *Bedarf es dann aus einer gewissen Neugierde heraus z. B. einer sogenannten „Rückführung" in ein Vorleben,* um so manches vielleicht erfahren zu können, dessen Wahrheitsgehalt sich ohnehin nur schwer beweisen ließe?

Oder: *Wäre es möglich, dass ein anderer Mensch mein sogenanntes Karma,* also meine mir selbst aufgeladenen Belastungen, in welcher Art und Weise auch immer *„löschen" oder „auflösen" könnte?* Dann müsste dieser Mensch ja „mehr können" als der Schöpfer selbst. Gott könnte in seiner Allmacht unser Karma einfach löschen – er könnte! –, aber er tut es nicht, weil Gott ein Gott der Ordnung ist, sich an seine Gesetze hält und der Wirkung seiner Gesetze nicht vorgreift. Eines davon, das Gesetz der „Sühne durch eigene Arbeit", dient nämlich zur Wiedergutmachung selbst verursachter Schuld.

Oder: *Wie sollte uns ein Mensch von unseren Sünden einfach „lossprechen" können,* wenn das soeben erwähnte göttliche Gesetz „Sühne durch eigene Arbeit" die persönliche Wiedergutmachung fordert? *Wie sollte selbst Jesus*, der inkarnierte Christus, durch seinen Tod am Kreuz *die Sünden aller Erdenmenschen bis in alle Zukunft „hinweggenommen", „getilgt" haben können*, wo er selbst ja gar nicht wissen konnte, welche Verfehlungen die Menschen mit ihrem bedingt freien Willen in Zukunft überhaupt noch begehen werden? Der Erstling aller Geschöpfe Gottes, der seinem himmlischen Vater auch in seinem Erdenleben gehorsam und treu bis zum letzten Atemzug war, hätte doch nicht die göttlichen Gesetze umstoßen können! Wäre das nicht ein Freibrief für die Erdenmenschen quasi zum „Drauflos-sündigen-Können" bis in alle Zukunft? Ohne persönliche geistige Verantwortung? Ohne Wiedergutmachen-Müssen durch Arbeit an sich selbst? Weil ohnehin alles von Jesus Christus bereits „erledigt" worden wäre? – Jesus Christus hat uns abgefallenen Geistwesen zwar das Tor geöffnet zur Rückkehr, aber es liegt an uns, diese Möglichkeit zur Wiedergutmachung im Erdenleben zu nutzen!

Erkenntnishilfen

Wohlgemerkt: Hilfestellungen verschiedenster Art zum Erkennen unserer persönlichen Fehler und Schwächen sollen uns selbstverständlich gegeben werden, damit wir auf unsere Laster und Untugenden leichter draufkommen und sie ablegen können. Ebenso ist jedes nächstenliebende Bemühen um Anregung zum Gewissen-Erforschen, zum Reue-Erwecken, zum Fassen guter Vorsätze und deren Umsetzen, zum Wiedergutmachen usw. Balsam für die inkarnierte belastete Geistseele.

Gewisse ungünstige Seelenprägungen treten doch oft schon im frühen Kindesalter erkennbar als Charakterschwächen zutage. *Wäre es da nicht eine segensreiche Aufgabe geistig verant-*

wortungsbewusster Eltern, im Sinne einer Erziehung nach der Liebeslehre Jesu Christi, *bei ihren Kindern erkannte Untugenden* wie z. B. Hochmut, Egoismus, Neid, Geiz, Hass, Zorn, Überempfindlichkeiten, Unversöhnlichkeit, Starrsinn usw., *ihnen ablegen zu helfen?*

Geistwesen inkarnieren sich ja, nach vorausgegangener sorgfältiger Vorbereitung ihres Erdenlebensplanes im Jenseits, bei ausgewählten Erdeneltern, um in und aus diesem Familienverband Bestimmtes zu lernen. Einerseits können gewisse Talente und Tugenden der Eltern im Sinne einer Vorbildwirkung zum Nachstreben anregen, andererseits können deren eigene selbstverständlich auch vorhandenen Charakterschwächen als abschreckendes Beispiel wirken und damit das Bemühen bei den Kindern fördern, um „nur ja nicht so jähzornig zu werden wie der Vater" oder „nur ja nicht so eitel wie die Mutter" und vieles andere mehr. Viele Erdenkinder erkennen im Erwachsenenalter in ihrer eigenen Seele oft ganz ähnliche Veranlagungen und dass sie, wenn sie nicht rechtzeitig dagegen angekämpft haben, schlussendlich leider doch ähnlich jähzornig oder eitel geworden sind … Hätte man doch mehr voneinander und miteinander gelernt!

Wir sind nicht alleingelassen

Wenn unser Erdenlebensplan im Jenseits schon so liebevoll vorbereitet wurde, dann wird man uns wohl nicht ins Erdenleben gehen und dort auf uns alleine gestellt lassen. Nein, wir sind auch auf Erden in ein großes Netzwerk von Helfern eingebettet. Damit sind aber nicht vorrangig unsere irdischen Verwandten, Freunde, Kollegen, Betreuer, Pädagogen, Therapeuten, Priester usw. gemeint, die ja als Erdenmenschen alle auch selbst fehlerbehaftet und damit in ihren Hilfestellungen gegenüber uns fehleranfällig sind …

… sondern wir sind und bleiben doch auch im Erdenkörper primär Geistwesen und werden dementsprechend auch während der Zeit unseres Erdenlebens von vielen – für uns (mit Ausnahme weniger Menschen) mit unseren materiellen Augen freilich nicht sichtbaren und auch mit unseren anderen irdischen Sinnesorganen nicht wahrnehmbaren – Geistwesen betreut. Unzählige von ihnen sind ganz liebevoll um uns bemüht als geistige Helfer, Betreuer, Mentoren und Freunde. Allen voran natürlich unser Schutzengel, der ja bereits im Jenseits in die Planung unseres Erdenlebens maßgeblich miteinbezogen war und sich bereit erklärt hatte, uns in unserem Erdenleben als verlängerter Arm Gottes zu leiten und zu begleiten – wenn wir es wollen und zulassen! Denn als Gott und Christus gegenüber gehorsames Geistwesen hält sich unser Schutzengel selbstverständlich freiwillig an die Ordnung des Schöpfers und dessen Gesetze, respektiert aber auch unseren bedingt freien menschlichen Willen.

Unser Schutzengel will jederzeit das aus geistiger Sicht Beste für unsere geistseelische Entwicklung im Erdenleben und bemüht sich auf vielerlei Art und Weise, uns gottgewollt zu inspirieren bzw. über unser Gewissen – sozusagen sein Instrumentarium dazu – uns zu mahnen. Drängen oder zwingen wird er uns hingegen nicht und darf es nicht! Je mehr wir ihn aber bewusst um seinen Rat und seinen Beistand bitten, umso mehr Hilfestellungen werden wir von ihm erwarten können, wie z. B.: gottgewollte Lösungsvorschläge für unsere Probleme in Form von Gedankeneingebungen oder Traumbotschaften; die gelenkte Zusammenführung zum richtigen Zeitpunkt mit bestimmten Menschen, die uns dann die für uns notwendigen Ratschläge geben; ebenso das Aufmerksam-Machen auf hilfreiche geistige Bücher und Schriften; die Zufuhr von geistseelischen Energien zur Stärkung unserer Lebenskräfte, damit wir wachsen können an Glaubenskraft, an geistigem Mut, an Durchhaltevermögen und Ausdauer, an Geduld und Toleranz, an Zuversicht und Lebensfreude usw.

Geistige Hierarchie und Solidarität

Sollten unsere Probleme und Schwierigkeiten einmal „eine Schuhnummer zu groß" für unseren Schutzengel sein, dann ist er nicht ratlos oder agiert nach seinem Gutdünken, sondern er wendet sich umgehend an die für ihn zuständigen geistigen Obrigkeiten, um die notwendige Unterstützung z. B. durch Michaelsengel oder geistige Spezialisten auf verschiedenen Gebieten, wie etwa Geistärzte, Geistpsychologen, Geisttechniker usw., zu erhalten. Manche Bitten und Anliegen von uns Erdenmenschen können je nach Bedeutsamkeit und Notwendigkeit gemäß der im lichten Jenseits herrschenden geistigen Hierarchie, geistigen Ordnung und Zuständigkeit sogar bis hinauf zu Mutter Maria oder Christus weitergeleitet werden.

Die weitaus größere Zahl der Geschöpfe Gottes hat den sogenannten Abfall nicht mitgemacht, sondern ihre gesetzmäßige geistige Entwicklung hin zur persönlichen Vollkommenheit vollzogen. Sie und auch jene Geistwesen, die zwar abgefallen sind, sich aber auf ihrem Weg zurück bereits wieder eine geistig höhere Entwicklungsstufe erarbeitet haben, versuchen nun, ihren ebenfalls rückkehrwilligen Geschwistern auf den verschiedensten Lebensebenen zu helfen, so auch uns Erdenmenschen.

Das göttliche „Gesetz der Solidarität der Geistwesen" besagt, dass der jeweils Höherentwickelte dem jeweils weniger Entwickelten in Liebe dienen soll. Unser Schutzengel als unsere geistige Obrigkeit dient uns also in dem Maße, wie wir es freiwillig zulassen. Höherrangige Geistwesen dienen unseren Schutzengeln, Erzengel den Engeln usw. Und *wer ist der höchste Diener aller?* – Unser Schöpfer natürlich! Davon leitet sich nämlich auch die ursprüngliche und eigentliche Bedeutung des Begriffs „Gottesdienst" her: Gott dient seinen Kindern – durch seine Boten!

Mittler zwischen Jenseits und Diesseits

Im Urchristentum diente der Schöpfer den Erdenmenschen, indem Christus in seinem Auftrag seine Boten sandte, damit ihnen über dazu geeignete Menschen, sogenannte Mittler, geistige Wahrheiten verkündet werden konnten, die sie sonst nicht erfahren hätten können. Und heute? *Gab es Mittler, Medien, Propheten nur im Altertum oder in der Zeit des frühen Christentums?* Oder gibt es auch heute noch Mittler bzw. Medien als Verbindungsglieder zwischen Jenseits und Diesseits? Ja, medial veranlagte Erdenmenschen stellen sich auch heute noch jenseitigen Geistwesen sozusagen als Sprachrohr oder Kanal für die Übermittlung von geistigen Botschaften in Menschenworten zur Verfügung.

Die ins Erdenleben mitgebrachte Gabe der Medialität ist eine an sich ganz „neutrale" Seelen-Eigenschaft. Und so eine entwickelte mediale Fähigkeit eines Erdenmenschen ist die Voraussetzung dafür, dass jenseitige Geistwesen ihre Botschaften in Menschenworten überhaupt übermitteln können. Nun hängt es aber ganz entscheidend davon ab, welchen jenseitigen Geistwesen ein Mittler seine medialen Seelenkräfte zur Verfügung stellt – lichten oder dunklen, Gott und Christus gehorsamen und treu dienenden Gottesboten oder Satansdienern. Denn beide Seiten verwenden diese medialen Seelenkräfte von Mittlern, um ihre Botschaften übermitteln zu können – die einen zum Heil der Erdenmenschen, die anderen zu deren Unheil. Also Achtung!

Nicht alles, was aus dem Jenseits kommt, ist demnach „himmlisch gut"!

Lichte Geistwesen, Boten Gottes, werden sich für die Durchgabe ihrer geistigen Wahrheiten selbstverständlich nicht von „irgendwelchen" Mittelspersonen womöglich „zitieren" lassen – „Ein Geist Gottes weht, wo er will!" –, sondern sie wählen sich nach dem geistigen Ähnlichkeitsgesetz nur solche Mittler aus, die aufgrund ihrer hochentwickelten Geistseelenreife dementsprechend geistig hochschwingende mediale Kräfte zur Verfügung stellen können und damit einen möglichst gottgewollten, „reinen" Kanal gewährleisten.

So ein Gott und Christus treu dienender Mittler wird sich als Erdenmensch auszeichnen durch seine entwickelten Tugenden wie z. B.: tiefer Gottesglaube, Gottergebenheit, innige Liebe zum Schöpfer, zu Christus und allen Mitgeschöpfen, Ausdauer und Beständigkeit in der Nachfolge Jesu Christi, große Demut, die bedingungslose Hingabe und das selbstlose Zur-Verfügung-Stellen seiner medialen Seelenkräfte an die Gottesboten – ohne irdischen Lohn, Dank, Anerkennung, Ruhm und Ehre zu erwarten! Unerlässlich ist somit für ihn der vernunftgemäße Umgang mit seinen Lebens- und Seelenkräften, was wiederum den freiwilligen Verzicht auf vielerlei irdische Annehmlichkeiten und Vergnügungen bedeutet.

Da jedoch Satan und seinem Anhang gottgewollte Durchgabestellen ein Dorn im Auge sind – da ja durch die Offenbarungen geistiger Wahrheiten und deren Befolgung die Gefahr besteht, ehemalige Mitläufer und Sympathisanten zu verlieren – ist so ein Gott und Christus treu dienender Mittler beständigen negativen Angriffen ausgesetzt, die zum Ziel haben, diesen wahren Liebensdienst zu stören oder zu verhindern.

Widersteht ein Prophet, Mittler, Medium den Versuchungen und Verführungskünsten der Dunkelmächte nicht, ändert sich seine Gesinnung, gibt er sein tugendhaftes Leben auf – so zieht er gemäß seiner dann nicht mehr gottgewollt reinen Gesinnung und wiederum dem Ähnlichkeitsgesetz entsprechend niedere jenseitige Geistwesen an, mitunter auch ganz negative. Ob die Medialität dann in gottgewollter oder in nicht gottgewollter Weise ausgeübt wird, wie es dann mit dem geistigen Wahrheitsgehalt dieser oft nur noch scheinbar „hohen" geistigen Kundgaben steht bzw. was sich darin bereits an geistigen Unwahrheiten zur geistigen Irreführung der Erdenmenschen eingeschlichen hat, gilt es dringend zu prüfen – „Prüfet die Geistwesen, ob sie von Gott gesandt sind!" (vgl. 1Joh 4,1) – und dabei stets die Mahnung des Apostels Paulus in seinem ersten Brief an die Thessalonicher (vgl. 1Thess 5,21) zu beachten:

Prüfet alles, und das gottgewollt Gute behaltet!

Satan will eben mit aller Vehemenz verhindern, dass irgendjemand, der einstmals seiner Gesinnung angehört hat und mit ihm in die Tiefe gegangen ist, aus seinem Herrschaftsbereich freikommt und ins Licht zurückkehrt. Und da werden voller Schlauheit und Raffinesse alle Register der Verführungskünste über die seelischen Schwachstellen der Erdenmenschen gezogen.

An uns liegt es wiederum, mit unserem bedingt freien Willen zu prüfen, von welcher geistigen Seite „zugeflüsterte" Gedanken kommen und ob wir ihnen Gehör schenken wollen. Ein dafür recht hilfreiches Kriterium zur Unterscheidung ist, sich zu fragen: Sind es leise, zarte, harmonische Impulse, die mir liebevoll angeboten werden, – oder stürmen heftig drängende, zwingende Gedankenwellen wie ein Trommelfeuer unaufhörlich und scheinbar unausweichlich auf mich ein? *Wird mein freier Wille geachtet oder nicht?* Sind es Gedankeninhalte, die mir zur geistseelischen Reifung dienen, zum Wachstum in den Tugenden, in der Nächstenliebe – oder wollen sie mich wieder zu neuen Belastungen und Bindungen verlocken, wieder hinunterziehen, wieder zu Fall bringen?

An den Früchten können wir sie unterscheiden lernen! Und die Früchte sind die Folgewirkungen, die sich ergeben, wenn wir gottgewollt inspirierte oder satanisch suggerierte Botschaften umsetzen – zu unserem Heil oder Unheil. Deshalb sollten wir uns bemühen, die möglichen Folgewirkungen so weit wie möglich vorauszudenken. Denn wie oft haben wir uns im Laufe unserer Gesamtlebensexistenz bereits – zu unserem Unheil – verführen lassen, zum Hochmut, zum Egoismus, zur Lieblosigkeit. Soll jetzt nicht endlich einmal Schluss damit sein? Es liegt jedoch an uns selbst, an unserem Willenseinsatz in die richtige Richtung: in die gottgewollte Richtung – näher mein Gott zu dir!

Das Einmaleins der Lebenskraft

Während das Befolgen hilfreicher Inspirationen lichter geistiger Helfer unsere Geistseele stärkt und uns an Lebensenergie zunehmen lässt, verhält es sich beim Nachgeben gegenüber ungünstigen Eingebungen, also Suggestionen der uns negativ gesinnten Geistwesen, genau umgekehrt: Wir belasten damit unsere Geistseele und werden dadurch energieärmer.

Der Schöpfer hat unendlich Energie, Liebesenergie. Gott ist die Liebe, und diese Liebe ist die stärkste, die mächtigste Kraft im Universum und zieht alle seine Kinder magnetisch an. Je höher entwickelt ein Geistwesen ist, über umso mehr Lebensenergie verfügt es. Je weniger hoch entwickelt ein Geistwesen ist, umso ärmer an Lebensenergie ist es. Aber alle Kinder Gottes, die sich geistseelisch höher entwickeln in Richtung ihrer persönlichen Geistwesen-Vollkommenheit, werden dadurch energiereicher, liebesenergiereicher. Jene Geschöpfe, die sich freiwillig vom Schöpfer entfernt haben, sind dadurch energieärmer, liebesenergieärmer geworden.

Satan und seine engsten Anhänger haben ihre eigene Lebenskraft gänzlich vergeudet (können sie sich aber gesetzmäßig wieder Schrittchen für Schrittchen erarbeiten, wenn sie sich dereinst wieder freiwillig in die geistige Ordnung des Schöpfers einfügen). Sie brauchen jedoch Energie für ihr Wirken, für ihr teuflisches Ziel: immer mehr Menschen und unwissende Geistwesen in ihre Gewalt zu bekommen und diese somit zu hindern, ihren Daseinszweck zu erkennen: ihre geistseelische Entwicklung, ihre Vervollkommnung voranzubringen. *Woher aber beziehen eigentlich Satan und sein Anhang ihre Kräfte?* Diese holen sie sich ganz einfach, sie stehlen sie, vorzugsweise von Menschen, die eine durchlöcherte, also offene Aura haben.

Das Geschlossenhalten der Aura

Da jeder Mensch bzw. jedes Geistwesen Energie für seine geistseelische Entwicklung braucht, sollten wir immer bewusster darauf achten, möglichst wenig Kräfte nach außen abzugeben oder uns entwenden zu lassen. Dazu ist es zu unserem Schutz erforderlich, unsere feinstoffliche Hülle – die Aura – stets geschlossen zu halten. Eine durchlöcherte Aura ermöglicht nämlich den Zugriff negativer Geistwesen auf unsere Lebenskraft, infolgedessen wir energieärmer werden.

Blitzartig öffnet sich unsere Aura speziell dann, wenn uns Angst, Furcht, Sorge, Kummer, Trauer usw. überfallen, also Suggestionen und Beeinflussungen von negativen Geistwesen, wir diese annehmen und ihnen nachhängen. Und durch diese Auralöcher können die negativen Geistwesen an unsere Lebenskraft heran. Der Lebenskraftentzug bzw. der dadurch hervorgerufene Energiemangel kann bei den betroffenen Menschen zu seelischen Disharmonien mit Auswirkungen verschiedenster Art führen, wie z. B. Schwindelzuständen, Nervenzerrüttungen, vegetativen und funktionellen Regulationsstörungen, Verhaltensauffälligkeiten, Wesensveränderungen usw. Seelische Disharmonien können in weiterer Folge auch disharmonische, krankhafte Auswirkungen auf den Körper hervorrufen und sich z. B. als Verspannungen, Verkrampfungen, Reizzustände, Entzündungen, diverse Organfunktionsstörungen usw. bemerkbar machen.

Wenn wir nun wissen, dass sich durch negative Gedanken, disharmonische Gefühle, verletzende Worte, lieblose Taten usw. unsere Aura öffnet und wir das mit all den daraus resultierenden Übeln nicht wollen, dann liegt es an uns selbst, unsere Gedanken, Gefühle, Worte und Handlungen zu kontrollieren, Negatives nicht anzunehmen, also mit der Hilfe unseres lieben Schutzengels bewusst leben zu lernen und unsere Willens- und Lebenskräfte stets für das Gottgewollte einzusetzen. Nicht leicht umzusetzen, denn bekanntlich fällt kein Meister vom Himmel, aber Übung macht den Meister!

Vorsicht ist in der Jetztzeit, in der uns nicht gut gesinnte Geistwesen verstärkt nach unseren Kräften trachten, besonders geboten, wenn mit verschiedensten Praktiken und Übungen unsere Aura immer mehr und mehr geöffnet wird, um z. B. hellsichtig, hellhörend oder hellfühlend werden zu können. *Besteht hier nicht die Gefahr einer völligen Auraöffnung*, wodurch unsere Lebenskräfte unkontrolliert nach außen abgegeben werden? *Und wer wartet außen auf unsere Kräfte?* – Negative Geistwesen, die es bekanntlich auf unsere wertvollen Lebenskräfte abgesehen haben, um damit wieder uns und anderen Menschen zu schaden.

Groß ist heute auch die Versuchung zur Neugierde, bei noch unreifer geistseelischer Entwicklung „auf eigene Faust" ins Jenseits hinüberblicken, mit jenseitigen Geistwesen in Kontakt treten oder „von drüben" Informationen „erzwingen" zu wollen. Nach dem Ähnlichkeitsgesetz zieht man stets Geistwesen aus jenseitigen Sphären an, die der persönlichen geistseelischen Entwicklung ähnlich sind. Die Gefahr ist die, dass sich negative Geistwesen uns als Wölfe im Schafspelz zeigen bzw. kundgeben, sich also als „Licht-Wesen" ausgeben, mit klingenden Namen, salbungsvollen Gedanken- und Gefühlseingebungen, spektakulären Botschaften usw., um das Vertrauen der Menschen zu gewinnen. Haben sie das erreicht, streuen sie – da der vertrauensselige Mensch unkritisch geworden ist und in dieser Phase ja überhaupt nicht mehr prüft, sondern ihnen hörig geworden ist – „Giftkörnchen um Giftkörnchen" in seine Seele und beuten seine Lebenskräfte aus, mit allen negativen Folgen.

Eine ganz ähnliche Situation findet sich beim Drogenkonsum. Die Aura wird geöffnet und eine jenseitige Sphäre wird hellsichtig wahrgenommen. Zuerst werden dem Drogensüchtigen „Glückszustände" vorgaukelt, dann kommen die „Horrortrips", mit der Zeit eine völlige seelische Zerrüttung, totale körperliche Erschöpfung, bis hin zum bitteren Ende.

Greifen wir nicht nach den vermeintlichen Sternen, sondern nützen wir unser gottgegebenes Erdenleben lieber dazu, unsere Seele zu reinigen und die Beziehung zum Nächsten und damit zu Gott zu verbessern!

Geistige Helfer im Erdenkleid

Ganz anders dagegen verhält es sich z. B. bei jenen Hellsehern unter den Erdenmenschen, die aufgrund ihrer schon fortgeschrittenen und aus dem lichten Jenseits mitgebrachten persönlichen geistseelischen Entwicklung mit der Gnadengabe der Hellsichtigkeit in ihrem Erdenleben ausgestattet sind. Bei ihnen ist es dann aber nicht die egoistische Neugierde oder Sensationsgier, „Interessantes" von drüben zum Selbstzweck erfahren zu wollen, sondern sie verrichten ihre Hellsehdienste – was von diesen Menschen selbst oft als schwere Bürde erlebt wird – zur Hilfe für ihre Mitmenschen, sei es zur Warnung oder Mahnung, als Trost oder Aufmunterung und vieles mehr. Wie segensbringend erweisen sich ihre Dienste dann, wenn sich z. B. ein verstorbenes Kind dem Hellseher als Geistwesen aus dem Jenseits so zeigen kann, wie es eben als Erdenkind ausgesehen hat (vielleicht noch dazu in einer ganz markanten Kleidung oder mit sonst einem besonderen, für seine Eltern untrüglichen Wiedererkennungsmerkmal), und damit seinen zurückgebliebenen trauernden Erdeneltern einen Beweis von seinem Fortleben im Jenseits geben will ...; oder wenn die für irdische Ärzte nicht feststellbare Ursache einer Erkrankung hellsehend gefunden und dadurch in weiterer Folge dem Kranken geholfen werden kann ...; oder wenn geistige Ursachen für irdisch nicht erklärbare Phänomene aufgespürt werden können ... usw.

Auch eine bereits im lichten Jenseits ausgebildete Medialität kann von damit begnadeten Erdenmenschen zur geistigen Wahrheitenverbreitung unter ihren Mitmenschen segensreich betätigt werden. *Wie wäre sonst im Willen Gottes die Durchgabe von geistigen Wahrheitsbotschaften jenseitiger lichter Geistwesen an uns Erdenmenschen möglich?*

Hier ist aber nicht der sogenannte Jahrmarkt-Spiritismus gemeint, wo gegen Bezahlung schwer nachprüfbare und oft nur nach den Wünschen und Erwartungen der Anfragenden ausfallende „Wahrsagereien" aus jenseitigen Sphären angeboten werden – denn es gibt drüben auch Geistwesen, die sich aus Wichtigmacherei oder Sensationslust für solche Anfragen zur Verfügung stellen, etwa für die Beantwortung von Fragen wie z. B.: „Wer war ich in meinem Vorleben?", „Wen soll ich heiraten?", „Hat mich mein Partner betrogen?", „Wie alt werde ich werden?", „Wo hat der Erbonkel seine Sparbücher versteckt?" Es gilt eben stets, wie schon erwähnt, die Mahnung des Apostels Paulus zu beachten und alles zu prüfen!

Helfer im Erdenkleid zur leichteren Schicksalsbewältigung für uns alle sind oft auch ganz einfach Menschen, mit denen wir, über unsere Schutzengel geleitet, zusammengeführt werden, und die uns zum richtigen Zeitpunkt in der richtigen Situation den richtigen geistigen Rat geben oder ihre Nächstenliebe spüren lassen, uns trösten, motivieren, bestärken, freudig stimmen usw.

Von oben betrachtet

Ergeben sich beim Weiterspinnen unseres Gedankenexperiments nicht völlig neue Perspektiven zur Betrachtung unseres Erdenlebens und dessen Wertes? Dieser zwar nur so kurzen, aber umso bedeutungsvolleren Episode unseres in alle Zukunft ewigen Seins?

Wird dann nicht auch ein sogenanntes „schweres Los" mit Krankheit, Leid, Gebrechen, Beeinträchtigungen, Schwierigkeiten, Schicksalsschlägen usw. *relativiert* in seiner ganzen oft sehr schmerzlich verspürten Tragik? Und wird es nicht wesentlich erleichtert, wenn durch demütiges Annehmen, geduldiges Ertragen und gottgewolltes Bewältigen dieses selbst gewählten Erdenlebensschicksals – in einem kurzen Augenblick in Relation zur Ewigkeit – so manche sehr schwerwiegende Belastung unserer Geistseele für immer abgeworfen werden kann? Das Wissen, dass sich meine Geistseele im Erdenleben bis zu 800 Mal schneller entwickeln kann als in der jenseitigen Welt – wenn ich meine mir vorgenommenen Aufgaben mich auch umzusetzen bemühe und gottgewollt bewältige –, soll und wird mich dazu richtig beflügeln.

Zuständigkeiten und Verantwortlichkeiten

Kann es für einen mit der Vernunft mitdenkenden Erdenmenschen dann *überhaupt Leid geben, das keinen tieferen Sinn hat?* Leid, das nur um des Leidens willen zu erleiden sei? Also „unnützes" Leiden oder „ungerechtes" Leiden oder „unverdientes" Leiden? *Könnte Erdenleid nicht auch Läuterung sein? Sühne? Ausgleich? Abtragen? Bewährungsprobe? Glaubensprüfung?* Ist es doch immer die Wirkung einer Ursache, die ich einmal selbst gelegt habe und die mich jetzt eingeholt hat! Weil ich mich vor diesem Erdenleben als Geistwesen dazu bereit erklärt habe, diesmal die Suppe auszulöffeln, die ich mir selbst eingebrockt habe, und niemand anderer! Jetzt, im Erdenkörper, weiß ich mit meinem Verstandesdenken davon nichts mehr. Und wenn ich es erfahren könnte – will ich dann vielleicht gar nichts davon wissen? Selbst keine Verantwortung dafür übernehmen, sondern sie (auch weiterhin) lieber anderen zuschieben, die an meinem Leid „schuld" sein könnten, sollten, in Zukunft sein würden?

In der Gnade und Barmherzigkeit unseres Schöpfers trifft uns das selbstverschuldete Leid ohnehin nie ganz so schwer, wie es uns eigentlich aufgrund der von uns selbst gelegten Ursache „zustehen würde".

Werte und Worthülsen

Gibt es überhaupt Freiheit ohne Verantwortung? Können wir uns vor den Folgewirkungen unserer freien Willensbetätigung drücken? Die irdische Gesetzgebung regelt „bis zu einem gewissen Grad", was in Bezug auf unser Handeln „Recht" oder „Unrecht" ist. Geistig gesehen sind wir darüber hinaus jedoch für all unser Tun und Lassen eigenverantwortlich. Ist doch unser Gewissen – so es noch nicht völlig abgestumpft ist – ein wertvoller Maßstab, um in unserem Inneren zu spüren, ob wir gottgewollt agieren oder nicht gottgewollt.

Welch unterschiedlicher innerer Gesinnung entspringt es, etwas deshalb nicht zu tun, weil es nach den irdischen Gesetzen unter Strafandrohung gestellt ist (man also dafür bestraft wird, wenn man es tut), oder etwas aus moralischen, geistigen Gründen auch dann nicht zu tun, obwohl es nach den irdischen Gesetzen straffrei ist (man also gar nicht dafür bestraft wird, wenn man es tut), – weil allein im Andenken des Tuns das Gewissen bereits ein ganz zartes oder auch deutlicheres Unbehagen verspüren lässt! Straffreiheit nach der irdischen Rechtsordnung bedeutet bei geistiger Betrachtung noch lange keinen Freibrief mit uneingeschränkter Erlaubnis für so manches Tun und Lassen. Die Maßstäbe der göttlich-geistigen Gesetze und Gebote sind eben anders absteckt als der irdische Gesetzesrahmen fehlerhafter Erdenmenschen.

„Wo kein Kläger, da kein Richter" gilt nicht im Jenseits! Denn ein „Täter", der auf Erden eine strafbare Handlung begeht, aber nicht erwischt wird und deshalb vor dem irdischen Gesetz nicht bestraft werden kann, nimmt trotzdem seine Schuld als belastende Seelenprägung mit ins Jenseits und muss dann – und zwar letztendlich freiwillig! – nach den göttlich-geistigen Gesetzen Wiedergutmachung leisten, in welcher Art und Weise auch immer. Irdisch ohne Strafe ist also nicht gleichbedeutend mit geistig frei von Schuld!

Auch der Begriff „Gerechtigkeit" ist heute so eine nach allen Richtungen hin gedehnte und angepasste Worthülse, je nach dem irdischen Werteinhalt, mit dem sie gerade bestückt wird. Und nicht selten entspricht so ein Werteinhalt lediglich dem kurzlebigen Zeitgeist, nicht aber ehernen göttlich-geistigen Gesetzen. Auf Erden oft und oft infrage gestellt, kann eine solcherart interpretierte „Gerechtigkeit" hier auch keinen Absolutheitsanspruch stellen, wenn das Erdenleben als Maß aller Dinge herangezogen wird, ohne die Wechselwirkungen zwischen Jenseits und Diesseits, die Auswirkungen aus der jenseitigen Dimension heraus ins Diesseits und aus dem Diesseits in die jenseitige Dimension hinein, zu berücksichtigen.

Also möge jeder für sich selbst entscheiden, ob er mit seinem Beurteilen oder Verurteilen von Menschen und deren Fehlern und Schwächen – ohne die dafür maßgeblichen dimensionsübergreifenden Ursachen und Zusammenhänge erfassen zu können – seine eigene Seele mit der Untugend des Kritisierens prägen will. Oder ob er mit Güte und Nachsicht, Verständnisbereitschaft und Toleranz, Verzeihen und Vergeben und mit innigen Gebeten um Hilfe für alle Beteiligten und Betroffenen, „Opfer" und „Täter", „Unschuldige" und „Schuldige", zum Nachfolger Jesu Christi werden will, und damit geistigen Frieden und Harmonie verbreiten hilft und diese Tugenden auch in seiner eigenen Seele mehr und mehr entwickelt.

Es ist nicht unsere Aufgabe, hier auf Erden über andere zu urteilen. Aber es wird unsere Aufgabe in der jenseitigen Welt sein, einmal über uns selbst zu richten, nämlich über unsere seelischen Belastungen und Bindungen, die auch von uns selbst wiedergutzumachen sind. Ebenso wird es die Aufgabe der anderen sein, ihre Verfehlungen zu bereinigen. Völlig gerecht, allerdings nach dem Maßstab der göttlichen Gerechtigkeit!

Arbeit an der eigenen Seele kann eben durch nichts ersetzt werden! Niemand kann einem anderen dessen „Schicksal" und die damit verbundene Seelenreinigungsarbeit abnehmen. Helfen, unterstützen, Beistand leisten in Wort und Tat, mit guten Gedanken und innigen Gebeten, ja, und zwar so viel wie möglich, – aber was wir mit unserem freien Willen selbst gesät haben, werden wir auch selbst ernten müssen. Wie die Ursache, so auch die Wirkung!

Wenn der Unwert zum Wert wird

Noch einmal kurz zurück zur Betrachtung unseres Erdenlebens von oben, und zwar im Hinblick auf seinen eigentlichen, seinen geistigen Wert. Wie wird heute im Allgemeinen über den Wert eines Erdenlebens gedacht? *Was sind die maßgebenden Kriterien für ein sogenanntes „lebenswertes" Erdenleben?* – Körperliche Gesundheit und Fitness bis ins hohe Alter? Mithalten-Können mit den herrschenden Trends in Sachen Wellness, Körperkult und Schönheitswahn? Leistbarkeit eines gewissen Lebensstandards mit Wohlstand bis Reichtum, inklusive aller zeitgeistigen Prestigeobjekte und Must-haves? Ein lukrativer Job, berufliche Karriere, gesellschaftliches Ansehen usw.?

Und welcher Wert wird heute einem Erdenleben zugestanden, das den oben angeführten Kriterien nicht gerecht wird, ja nicht einmal die Erfüllung minimaler menschlicher Grundbedürfnisse gewährleisten kann? Denken wir nur an Mittellose, Obdachlose, Straßenkinder, Hungernde, Dürstende, an die Ärmsten der materiell Armen! Denken wir aber auch an körperlich Kranke, Gebrechliche, Invalide, Kriegsversehrte, Unfallopfer! An seelisch Kranke und Leidende, Hoffnungslose und Verzweifelte, an Menschen mit verschiedenen kognitiven Beeinträchtigungen usw.!

Wie denken Menschen über den Wert eines solchen Erdenlebens? Gilt es überhaupt als wert, gelebt zu werden? Oder ist es wertlos? Oder unwert? *Wo beginnen die Diskussionen über das Recht auf Leben oder Nicht-Leben – und wo enden sie?* Und welche Schlüsse können die in unserem Gedankenexperiment schon fortgeschrittenen Denkakrobaten mit ihrem erweiterten geistigen Wissen ziehen?

Nehmen wir als Beispiel an, das Ergebnis einer Fruchtwasserpunktion in der Schwangerschaft bestätigt die bereits bei einer Ultraschalluntersuchung gestellte Verdachtsdiagnose einer

Chromosomenanomalie beim Ungeborenen, sodass z. B. ein Kind mit Down-Syndrom erwartet wird. Wer entscheidet über den zukünftigen Erdenlebenswert dieses im Stadium des Aufbaus seines Erdenkörpers befindlichen Geistwesens und späteren Erdenmenschen – so ihm das Recht zum Antreten seiner geplanten Erdeninkarnation außerhalb des Mutterleibes überhaupt zugebilligt wird?

Der Schöpfer hat dazu jedenfalls „Ja" gesagt und für dieses Geistwesen die Planung und Vorbereitung dieses seines Erdenlebens gestattet. Auch die dafür notwendigen geistigen Helfer und Begleiter – allen voran wieder der persönliche Schutzengel – haben sich bereitwillig zur Unterstützung zur Verfügung gestellt. Denn es war ja keine leichte Entscheidung jenes Geistwesens, sich zu diesem aller Voraussicht nach schwierigen Erdenleben in einem äußerlich „gezeichneten" Körper zu entschließen, um darin verschiedene belastende Prägungen in seiner Seele abtragen, ausgleichen, wiedergutmachen zu können. Es konnten auch zukünftige Erdeneltern gefunden werden, die ihrerseits ebenfalls als Geistwesen im Jenseits „Ja" gesagt hatten zu ihrer Elternschaft für so ein Kind, wenngleich sie sich als Erdenmenschen natürlich nicht daran erinnern können.

Durchkreuzte Pläne

Und wer sagt jetzt „Nein"? *Wer durchkreuzt jetzt all die liebevoll und fürsorglich vorbereiteten Erdenlebenspläne von Kind und Eltern?* Wer verhindert dem Kind die Chance, in diesem zugegebenermaßen schwierigen Erdenleben einen großen geistseelischen Reifungsprozess machen und sich von belastenden Bindungen befreien zu können? Und was wird aus der vorgenommenen Lebensaufgabe der Eltern, diesen großen Liebesdienst für ihr bereits empfangenes Erdenkind zu übernehmen und dabei im Lieben, Dienen, Pflegen, Verzichten usw. selbst geistseelisch zu reifen und vielleicht auch manches wiedergutzumachen?

Übrigens ist die Geburtenrate von Kindern mit Down-Syndrom seit Einführung der Pränatal-Diagnostik mit der „sicheren" Diagnostizierbarkeit von Chromosomenanomalien beim Ungeborenen in der Schwangerschaft dramatisch (!) gesunken – bei nicht gesunkener Schwangerschaftsrate mit Trisomie-21-Embryonen … Niemand möge sich jetzt angegriffen fühlen, aber jeder einmal versuchen, sich gedanklich und gefühlsmäßig in so ein „zurückgeschicktes" Geistwesen hineinzuversetzen – auch wenn die Schwangerschaftsunterbrechung aufgrund der medizinischen Sachlage „gerechtfertigt" bzw. sogar „angezeigt", aufgrund der irdischen Gesetzeslage „möglich" bzw. „erlaubt" und vielleicht unter massivem gesellschaftlichen, familiären oder psychischen Druck zustande gekommen ist. *Was mag wohl dieses „unverrichteter Dinge" vorzeitig in die jenseitige Welt zurückgeschickte Geistwesen empfinden*, angesichts des Scherbenhaufens seiner zerschlagenen Inkarnationspläne und damit verhinderten möglichen geistseelischen Entwicklungsschritte?

Die Ehrfurcht vor dem Leben

Jede eingetretene Schwangerschaft ist das Ergebnis einer komplexen geistigen Planung, umfassenden Vorbereitung und eine Chance, um die das empfangene Geistwesen sehr innig gebeten und auf die es möglicherweise schon sehr, sehr lange im Jenseits gewartet hat; eine Chance für einen anstehenden großen geistseelischen Entwicklungsschritt, der im Jenseits nicht möglich ist, sondern einer Erdeninkarnation bedarf, weil die Ursache einmal auf der materiellen Ebene gelegt wurde. Und jetzt endlich war sie zum Greifen nahe, diese Chance – aber …

Und wen jetzt vielleicht Gewissensbisse, Schuldgefühle und Gedanken der Reue plagen, möge sich selbst helfen – nach dem Motto: Hilf dir selbst, so hilft dir Gott! Er könnte z. B. aktiv nächstenliebend tätig werden mit Gebeten um Trost und Hilfe für die Zurückgeschickten; um gottgewollte Entscheidungen bei allen werdenden Eltern, die sich mit Gedanken des Zurückschicken-Wollens tragen; um eine Gesinnungsänderung bei allen mit dem Zurückschicken mehr oder weniger direkt Befassten – sei es bei der Festlegung diesbezüglicher irdischer Gesetze, sei es bei der aktiven Durchführung – durch deren Befreiung aus dem Dunstkreis negativer Suggestionen und Beeinflussungen. Auch jede Aufklärung unwissender Erdenmenschen in dieser Hinsicht und jede Ermutigung solcher Art „Betroffener" zu einer gewissenskonformen Entscheidung lässt die eigene Geistseele Hilfe und Erleichterung erfahren und bringt reichen Segen, denn alles kommt wieder zum Aussender zurück, sowohl Gottgewolltes als auch Nicht-Gottgewolltes.

Und selbst wenn Fehlentscheidungen getroffen wurden, so wird in der Gnade und Barmherzigkeit des Schöpfers allen daran Beteiligten und davon Betroffenen unverzüglich weitergeholfen – wenn sie darum bitten! Sie erhalten wieder neue Möglichkeiten und es eröffnet sich ihnen neue Gelegenheiten, um wiedergutzumachen, zu bereinigen, auszugleichen, geistseelisch zu wachsen und zu reifen. Gott hilft immer, wenn wir ihn bitten! Und er hilft immer so, wie es zu unserem Besten ist in seinem Willen. Denn Gott ist die Liebe und Gott liebt seine Kinder, alle seine Kinder!

Nicht sein kann, was nicht sein darf …

Im Gegensatz zur vorgenannten Situation steht jene einer ungewollten Kinderlosigkeit bei sehnlichstem Kinderwunsch, wie es ja heute trotz boomender Reproduktionsmedizin immer noch vorkommt. *Worin könnten die erdenwissenschaftlich oft unerklärlichen Ursachen der Versager bzw. Fehlversuche bei künstlichen Befruchtungen liegen?* Dass in solchen Fällen kein Geistwesen vorhanden war, um die im Labor zusammengefügten Zellen als zukünftigen Erdenkörper anzunehmen, wissen wir bereits. Aber warum war keines vorhanden? War keines vorbereitet? War keines bereit dafür? Oder war es im Willen des Schöpfers nicht zugelassen? Warum nicht?

Es sind doch so viele vom Schöpfer einst nach seinem Ebenbild erschaffene reine Geistwesen, die aber dann mit ihrem freien Willen von Gott abgefallen und in die Tiefe gegangen sind, jetzt wieder rückkehrwillig und suchen oft „verzweifelt" nach Inkarnationsmöglichkeiten bei aufnahmebereiten Erdeneltern, um in einem Erdenleben viele Belastungen abdienen und Verfehlungen wiedergutmachen zu können – aber warum nicht bei diesen Paaren mit sehnlichstem Kinderwunsch? Warum bleibt dann gerade solchen sehnsüchtigst aufnahmebereiten Paaren ihr innigster Kinderwunsch versagt? Könnte es eine Art Sühne sein für ein Nicht-annehmen-Wollen oder Nicht-angenommen-Haben von empfangenen Kindern in einem Vorleben? Oder ist es eine geistige Prüfung, bei der es darum geht, Geduld zu üben, freimütiges Verzichten zu erlernen, ohne Emotionen wie Zorn und Hader, Niedergeschlagenheit und Verzweiflung usw. hochkommen zu lassen?

Würden nun Reaktionen, die etwa darin bestünden, die kinderlos gebliebene Beziehung aufzulösen, sich von seinem bisherigen Lebenspartner zu trennen, in der Hoffnung auf „eigene" Kinder mit einem neuen Partner, einen gottgewollten Lösungsansatz darstellen? Oder würde man sich nicht vielmehr neue Probleme, Schwierigkeiten, Seelennöte, Belastungen, Bindungen usw. schaffen, wenn man irrenderweise meint, sein vermeintliches „Glück" eines eigenen Kindes mit Muss erzwingen zu wollen, anstatt seinen Blick nach innen zu richten, um Erkenntnis zu bitten für den anstehenden eigenen geistseelischen Lernprozess und um die Kraft, sich ihm freiwillig zu stellen?

Denken wir in diesem Zusammenhang an die vielen, vielen Kinder auf dieser Erde, die nächstenliebende Hilfe aller Art dringend nötig hätten und aus verschiedensten Gründen z. B. auch zur Aufnahme in einen Familienverband, vielleicht gerade bei so einem kinderlos gebliebenen Paar, zur Verfügung stünden! *Ist für gelebte Nächstenliebe beim Großziehen von Kindern unbedingt eine körperliche Blutsverwandtschaft notwendig?* Könnte es nicht auch eine geistseelische Verbundenheit aus einem früheren Erdenleben oder ganz einfach das freiwillige Übernehmen so einer nächstenliebenden Aufgabe sein, was in so einem Familienverband „Eltern" mit nicht blutsverwandten „Kindern" in tiefer und inniger Liebe verbunden sein lässt? Wie beglückend sind oft Eltern-Kind-Beziehungen in Adoptionskonstellationen oder in Kinderdörfern oder bei Patenschaften – und *wie sehr spießt es sich oft zwischen blutsverwandten Familienangehörigen?*

Spieglein, Spieglein …

Auf der einen Seite das Sehnen nach „eigenen" Kindern, also leiblichen, blutsverwandten Kindern, auf der anderen Seite gibt es gerade mit diesen oft so viele Probleme, Schwierigkeiten, Reibereien, Zwistigkeiten. Jedenfalls sind es die Kinder, die sich bereits im Jenseits ihre Eltern ausgesucht haben! Und diese Auswahl der Eltern erfolgt sowohl nach deren sich bereits selbst erworbenen Tugenden und damit möglichen Vorbildwirkungen für die Kinder – als auch nach Ähnlichkeiten in den Fehler- und Schwächen-Profilen der Geistseelen von zukünftigen Erdeneltern und Erdenkindern. Das laufende Vorgespielt-Bekommen

und Gespiegelt-Werden der eigenen Fehler und Schwächen –
zwischen Eltern und Kindern bis hin zu Großeltern und Enkel-
kindern und umgekehrt – ist zwar nicht angenehm, kann aber
auf Dauer recht heilsam wirken. Beispielhaft ausgedrückt: Vom
„Von wem mein Kind nur diese Unart hat?" bis hin zum „Ich
möchte einmal auf keinen Fall so … werden wie meine Mutter,
wie mein Vater!" So ließe uns das Spiegelgesetz am anderen unsere eigenen Schwächen erkennen.

Immer wenn du meinst, es geht nicht mehr …

… kommt bekanntlich von irgendwo ein Lichtlein her. Dieser
alte Weisheitsspruch hat auch heute noch Gültigkeit und zeugt
vom liebevollen Geführt- und Geleitet-Werden durch unser
ganzes Erdenleben. So, wie es auf dieser Erde nicht mangelt an
Gelegenheiten zum Betätigen, Üben und Verschenken unserer
Liebe an Kinder, ebenso wenig mangelt es an Bedarf zum Übernehmen und Erledigen von Liebesdiensten für körperlich und
seelisch leidende alte Menschen.

Das demütige und geduldige Ausharren im Erdenkörper bis
zum Ende unserer vom Schöpfer vorgegebenen irdischen Le-
bensspanne hat immer Sinn und Zweck! Durch eine im Laufe
der Erdenlebensjahre hoffentlich gewonnene Lebenserfahrung,
Reife und Abgeklärtheit sollten im vorgerückten Alter auch
schwere Lebensphasen mit verschiedenen Leiden, Defiziten und
Einschränkungen mit gutem Willen leichter bewältigbar sein.
Neben aller notwendigen ärztlichen, pflegerischen, therapeu-
tischen, sozialen usw. Unterstützung und Betreuung durch die
verschiedenen irdischen Helfer soll dabei Folgendes nicht vergessen werden:

Kinder, die ja „eben erst" aus dem Jenseits ins irdische Leben herübergewechselt sind, haben in den ersten Lebensjahren oft noch einen sehr guten „Kontakt" mit drüben und ihren geistigen Betreuern, können zum Teil ihren Schutzengel hellsichtig wahrnehmen und spielen gerne mit ihren (für ihre Eltern meist) „unsichtbaren" Freunden.

Alten Menschen steht das Wieder-zurück-Hinüberwechseln ins Jenseits mehr oder weniger bald bevor und sie werden, wenn es dann so weit ist, von geistigen Betreuern darauf vorbereitet. Bei diesem zunehmenden Einwirken von jenseitigen Helfern in der letzten Erdenlebensphase lockert sich allmählich die Geistseele vom Körper und kann dadurch vermehrt höhere geistige Schwingungselemente aufnehmen. So können dann, individuell verschieden, bereits früher ins Jenseits hinübergewechselte ehemalige Familienangehörige oder Freunde hellsichtig wahrgenommen werden, auch wenn dies der Umwelt, den irdischen Anverwandten, nicht mehr mitgeteilt werden kann oder will. Die einströmenden geistigen Energien dienen zur inneren, seelischen Harmonisierung und Stärkung für den Hinübergang ins Jenseits, während sich gewisse Organfunktionen zunehmend verschlechtern und der Körper seinen Dienst als irdisches Werkzeug der Geistseele immer mehr einstellt.

Wird sich in dieser Lebensphase nicht der Schutzengel so eines Menschen bemühen, seinen alt gewordenen Schützling von dessen eventuellen „äußeren" körperlichen Schwierigkeiten abzulenken, förmlich „wegzuheben" und dahingehend zu inspirieren, dass er sich verinnerliche, sein Erdenleben überdenke, so manches bereue, ans Beten um Verzeihung und Hilfe erinnert werde – wie er es als Kind von seinen Eltern und Großeltern oder im Religionsunterricht gelernt hat? *Könnten da nicht noch wichtige Reinigungsarbeiten an der Seele geleistet werden im Sinne einer entscheidenden Weichenstellung für den Hinübergang ins Jenseits?*

Hinterfragen wir in dieser Hinsicht einmal alle „noch so gut gemeinten" Bestrebungen, Menschen von ihrem Leid „erlösen" zu wollen, indem man sie vorzeitig aus diesem Erdenleben hinauskatapultiert! Werden da nicht unter Umständen verschiedene ungewöhnliche, eigentümliche, sonderbare Äußerungen der Betroffenen zwar beobachtet, aber nicht erkannt als deren Reaktionen auf bereits jenseitige Wahrnehmungen und dementsprechend interpretiert? Etwa ein merkwürdiges Grimassieren und Gestikulieren oder ein Rufen von Namen ehemaliger Anverwandter, Bekannter, Freunde (die selbst allesamt schon früher ins Jenseits hinübergewechselt sind) im Zuge der „Kommunikation" mit jenseitigen Geistwesen allzu oft als „Halluzinationen" und Wahnvorstellungen abgetan? Oder die im Zuge der Geistseelen-Lockerungsvorgänge beobachtbaren scheinbar unkoordinierten Bewegungen und Muskelzuckungen ausschließlich als Zeichen von Angst und Schmerz gedeutet?

Mögen Euthanasiebestrebungen vielleicht falsch verstandenem Mitleid entspringen, sie resultieren jedoch aus mangelndem oder gar nicht vorhandenem Geistwissen! *Auch wenn so ein alter, kranker, leidender Mensch selbst um die vermeintlich „alles" beendende Todesspritze bettelt – kann ihm diese wirklich zum geistigen Segen gereichen?* Oder wird es nicht eher das von drüben herkommende „Licht(lein)" sein, das ihn auch dann, wenn er meint, es geht nicht mehr, bis zum gottgegebenen Erdenlebensende Segen bringend durchhalten lässt?

Versäumte Gelegenheiten brennen in der Seele

Leben erschaffen kann nur der Schöpfer! In seiner Weisheit und Liebe, Gerechtigkeit und Barmherzigkeit wird auch die Erdenlebensdauer jedes Menschen genau so bemessen, wie es aus geistiger Sicht Sinn und Zweck hat, damit das im Erdenkörper inkarnierte Geistwesen möglichst viel Entwicklungsarbeit an seiner Seele leisten kann. Jede vorzeitig herbeigeführte Beendigung seines Erdenlebens wird dem betroffenen ehemaligen Erdenmenschen spätestens dann leidtun, wenn er bei der Betrachtung und Beurteilung seines abgelaufenen Erdenlebens im Jenseits die damit vertanen Chancen zur Reifung seiner Seele erkennt. Solche versäumten Gelegenheiten schmerzen in der Seele, denn sie müssen ja in irgendeiner Form einmal nachgeholt werden!

In Gottes Weisheit und Gerechtigkeit ist alles so gestaltet, dass mit gutem Willen des Menschen jedes Erdenleben gottgewollt zu bestehen wäre. Deshalb kann Selbstmord keine gottgewollte Lösung noch so unlösbar scheinender Erdenlebensprobleme sein! Diese ungelösten Probleme oder nicht bestandenen Lebensprüfungen werden ins Jenseits mitgenommen, sie haften ja in der Geistseele. Also konnten nicht nur die für dieses Erdenleben zur Bereinigung vorgenommenen seelischen Belastungen nicht erledigt werden, sondern es sind noch neue dazugekommen – zusätzlich zum alten Lehrstoff, von dem man irrtümlich meinte, ihm entfliehen zu können …

Das ist keine Illusion!

Versuchen wir uns einmal in so einen beeinflussten Menschen hineinzudenken: Welche Lebenseinstellung und Geisteshaltung, welche Überlegungen, Vorstellungen und Gedanken bewegen ihn dazu, seinen Selbstmord zu planen? Er ist wohl der Überzeugung, dass mit dem Tod alles aus und vorbei ist – sein Leben, sein Bewusstsein, seine Sinneseindrücke, sein Denken, sein Empfinden – und damit auch all seine Probleme und Schwierigkeiten. Nach dem Motto: „Wenn ich einmal nicht mehr sehen, hören, fühlen und denken kann, bin ich tot. Dann habe ich aufgehört zu existieren und dann gibt es für mich auch keine Probleme und Schwierigkeiten mehr."

Es kommt leider zur Tat: Der Erdenkörper fällt in die Schlinge oder von der Kugel tödlich getroffen zu Boden, die Geistseele wird dabei ins Jenseits katapultiert. Der ehemalige Erdenmensch ist sodann ein entkörpertes, körperloses Geistwesen im Jenseits. Und dieses Geistwesen lebt nicht nur weiter, sondern es denkt und fühlt sich in seinem Bewusstsein noch immer genauso wie der lebensmüde ehemalige Erdenmensch vor seiner unheilvollen Tat – denn: Das Bewusstsein befindet sich in der Geistseele! Es ist nicht im Erdenkörper, wie im materialistischen Denken fälschlich angenommen und behauptet wird. Es ist und bleibt in der jetzt ins Jenseits hinübergewechselten Geistseele. Welch verhängnisvolles Dilemma – dass „man am Ende gar nicht tot, nachdem dass man gestorben" ist!

Und weil das ewig lebende Geistwesen auch im Jenseits nach wie vor so denkt, fühlt, empfindet wie als Mensch, hält es sich immer noch für einen lebenden Menschen und erlebt sich nach wie vor mit all den gedanklichen und gefühlmäßigen Problemen und Schwierigkeiten konfrontiert – wie z. B. Hoffnungslosigkeit, Verzweiflung, Aussichtslosigkeit, Scham- und Schuldgefühlen oder was auch immer Grund und Anlass für das An-sich-Handanlegen war –, denn all das ist ja nichts Materielles und damit nicht im Körper zurückgeblieben, sondern als Seelenprägung ins Jenseits mitgenommen worden. Also wird dieses bedauernswerte Geistwesen jetzt zu dem folgenschweren (Trug)Schluss kommen: „Ich wollte mich doch umbringen. Aber ich lebe ja immer noch als Mensch. Ich kann ja immer noch sehen, hören, fühlen und denken. Ich bin doch gar nicht tot. Dann ist mein Selbstmordversuch nicht geglückt. Aber ich will doch nicht mehr leben. Also muss ich es eben noch einmal tun …"

Und es wird im Feinstofflichen immer wieder versuchen „sich

umzubringen", immer wieder, immer wieder … Jedoch kann es sich als Geistwesen gar nicht umbringen, weil es ja ewig lebt.

Ein böses Erwachen

Welch große seelische Qualen empfindet so ein unglückliches Geistwesen, das zwar schon ins Jenseits hinübergewechselt, bewusstseinsmäßig aber noch in der Erdsphäre verhaftet, also „erdgebunden" ist! Bis zum Ablauf der vom Schöpfer vorgesehenen Erdenlebenszeit – ohne vorzeitige Beendigung durch den Selbstmord – kann so eine qualvolle Phase der Erdgebundenheit dauern! Erst nach und nach, je nach Zugänglichkeit und Einsichtsbereitschaft des Betroffenen, kann mithilfe jenseitiger Missionsgeistwesen eine allmähliche Aufklärung und Bewusstwerdung des Erdgebundenen für seinen Zustand erreicht werden. Zu diesem Zweck bedienen sich die Missionsgeistwesen auch der Gebetskräfte nächstenliebender Erdenmenschen, weil die von Menschen in Form inniger Gebete ausgestrahlten Liebesenergien schwingungsmäßig besonders gut geeignet sind, die Seelen solcher Erdgebundener „aufzuweichen".

Die Seelenschmerzen, die so ein ehemaliger Selbstmörder im Jenseits empfindet, wenn er sich seines Zustandes nach und nach bewusst wird und erkennen muss, wie völlig falsch aus geistiger Sicht seine Flucht aus dem Erdenleben war, sind oft bei Weitem ärger als seine seinerzeitige Verzweiflung im Erdenleben angesichts der damaligen Umstände, die ihn zu diesem Schritt veranlasst hatten. Wie groß ist dann die Reue über das Nicht-angepackt-Haben der damaligen, jetzt als „doch gar nicht so schlimm" empfundenen Erdenlebensschwierigkeiten! Aber dafür ist es jetzt zu spät. Doch den jetzigen „viel schlimmeren" Schwierigkeiten der Erdgebundenheit kann er nicht mehr „so einfach" entfliehen. Jedenfalls helfen dem Unglücklichen auch in dieser Situation Gebete, Gebete, Gebete, deren Kräfte wie Balsam auf seine Seelenwunden wirken.

Natürlich wird bei der geistigen „Bewertung" eines Selbstmordes in der Gerechtigkeit und Barmherzigkeit des Schöpfers immer mitberücksichtigt, welche Faktoren, Begleitumstände, Beeinflussungen und Suggestionen dafür mitverursachend und mitauslösend waren. Denn der Schöpfer liebt sein Kind auch nach dem Selbstmord genauso wie vor dieser Tat, er liebt auch uns Abgefallene alle genauso wie vor unserem Abfall von ihm. Und da er alle seine Kinder wieder bei sich haben will, erhalten wir alle notwendigen Hilfen, wenn wir darum bitten, die uns in jeder Situation und aus jeder Situation heraushelfen, um wieder näher zu ihm kommen zu können.

Wenn Mitmenschen uns gegenüber mehr oder weniger vage bis deutliche Selbstmordabsichten äußern, wäre es wahrlich eine segensreiche nächstenliebende Aufgabe für uns Erdenmenschen, ihnen nicht nur bei der Bewältigung ihrer Schwierigkeiten im Erdenleben nach unseren Möglichkeiten menschlich beizustehen, sondern sie vor allem geistig in aller Offenheit darüber aufzuklären, was für gewaltige geistige Folgen ein solches Tun nach sich ziehen würde. Denn für solche Gelegenheiten der geistigen Aufklärung und einer damit möglichen Verhinderung von Selbstmorden tragen auch wir geistig Verantwortung. Und wir wollen uns einmal doch nicht Vorwürfe machen müssen, etwas versäumt zu haben!

Die Täter und …

Folgerichtig weitergedacht entbehrt auch die Todesstrafe jeglicher geistwissenschaftlicher Rechtfertigung. Das heißt aber nicht, schwere und schwerste Verbrechen gutheißen zu wollen, ganz und gar nicht! Die „Unannehmlichkeit" des unter Umständen erdenlebenslangen Absitzen-Müssens der irdischen Strafe bietet Gelegenheit zum Nachdenken, zum In-sich-Gehen, zur Reue. Seelischen Schmerz bereiten dem Täter eventuell auch das Erleben und Erdulden von Entrüstung und Kritik, Hohn und Spott, Unverzeihlichkeit und Unversöhnlichkeit, Abscheu und Hass anderer Menschen ihm gegenüber.

Aus geistiger Sicht sollte sich natürlich niemand, auch nicht die durch den Täter und seine Tat mehr oder weniger (Mit)Betroffenen, zu be- und verurteilenden Gedanken und Gefühlen hinreißen lassen. Vielmehr bedürfte es vieler, auch deren Gebete um Hilfe für Täter und Opfer (seien diese noch im Diesseits oder schon im Jenseits), womit zur Einsicht auf der einen Seite, zur Nachsicht auf der anderen Seite, zu Harmonie und Frieden auf beiden Seiten mitbeigetragen werden könnte.

Die Einsicht, die Reue usw., also die Gesinnungsänderung des Täters, ist der erste und wesentlichste Schritt in Richtung Befreiung seiner Seele von den durch die Tat aufgebürdeten Lasten. Wiedergutmachen muss er seine sich selbst angelegten Bindungen ohnehin selbst, so wie er auch selbst einmal sein eigener geistiger Richter über sich und sein Erdenleben sein wird. Wir übrigens auch, allerdings nicht über ihn und seines, sondern über uns selbst und unser Erdenleben!

Würde der Täter hingegen zum Zeitpunkt seiner Exekution mittels elektrischem Stuhl, Galgen oder Giftspritze noch voller Bösartigkeit, Eifersucht, Hass, Rachsucht, Fanatismus, Gewaltverherrlichung usw. ins Jenseits wechseln, so würde er gesetzmäßig von einer seinen negativen Gedanken- und Gefühlsschwingungen adäquaten niederschwingenden jenseitigen Sphäre angezogen werden.

Denken wir geistig-logisch weiter und stellen wir uns einmal ganz drastisch das folgende Szenario vor: In Analogie zum bereits erwähnten leidvollen Schicksal des Selbstmörders, der sich im Jenseits immer noch für den unglücklichen Erdenmenschen, der er war, hält und dementsprechend immer wieder, natürlich vergeblich versucht, sich umzubringen – wird nun der durch den Vollzug der Todesstrafe ins Jenseits beförderte ehemalige Massenmörder, Serienattentäter, Terrorist usw. als uneinsichtiges, hasserfülltes, fanatisiertes Geistwesen versuchen, von drüben aus in seiner nicht abgelegten negativen Gesinnung weiter auf dieser Erde zu „wirken". *Werden dann nicht seine ausgesandten wahrlich satanischen Gedanken- und Gefühlsschwingungen,* wenn sie auf dafür empfängliche, ähnlich gesinnte Erdenmenschen treffen, diese dementsprechend anstacheln, aufschaukeln, fanatisieren und damit *die Spirale der Gewalt und des Hasses auf dieser Erde weiter anheizen?*

… und die Opfer

Machen wir ein paar weitere Gedankenübungen zum Thema der viel zitierten sogenannten „unschuldigen Opfer": Ist es Zufall, dass ein Mensch Opfer geworden ist? *Kann es überhaupt einen Zufall in der großen Ordnung des Schöpfers geben?* Drücken wir damit nicht vielmehr unser Nicht-Wissen, Nicht-verstehen-Können dieser gewaltig großen, für uns Menschen noch nicht erfassbaren göttlichen Ordnung aus? *Sind diese sogenannten „unschuldigen Opfer" – von oben betrachtet – wirklich unschuldig?* Sind sie nicht letzten Endes auch belastete Geistwesen? Haben sie mit ihrem Opfer-Schicksal in diesem Erdenleben nicht unter Umständen Taten, die sie selbst irgendwann in einem Vorleben als Täter gesetzt haben, „ausgleichen" können? War dies etwa die letzte Korrektur einer tiefen Kerbe in ihrer Seele, der es noch bedurfte, um dem Erdenplaneten für immer Ade sagen zu können? Oder war diese Opferrolle zugelassen, um daraus Verschiedenes zu lernen? Oder, oder, oder …?

Neben diversen anderen Varianten soll auch die Möglichkeit der Beendigung des Erdenlebens durch einen Gewaltakt in Betracht gezogen werden, nach dem Motto: Der Tod sucht sich immer einen Grund bzw. Anlass. Wenn Belastungen der Geistseele, die einer Abtragung in einem Materiekörper bedürfen, ausgeglichen sind, ist ja die weitere Entwicklung auf einer jenseitigen Daseinsebene bei Weitem angenehmer als auf diesem so grobstofflichen Sühneplaneten. Im Klartext: „Materielle Inkarnationen erledigt! Nie mehr hinein in einen grobstofflichen Körper müssen! Juchhu!" Es sei denn …

… das Geistwesen, in seiner geistseelischen Entwicklung weiter gereift, stellt freiwillig die Weichen für eine „Liebesmission", also für eine Inkarnation in einem grobstofflichen Körper ohne Notwendigkeit des Sühnens persönlicher Schuld, sondern aus Liebe zu anderen für deren Hilfe.

Liebesmissionen

Ein Beweggrund eines Geistwesens für das freiwillige Annehmen einer Liebesinkarnation kann z. B. der Wunsch sein, mit einem recht kurzen Erdenleben und der frühzeitigen Rückkehr ins Jenseits einen Liebesdienst für seine Erdeneltern zu übernehmen. Das mag im ersten Moment vielleicht etwas paradox anmuten. Aber *ist nicht der frühe Tod eines Kindes durch Krankheit, Unfall usw. oft Anlass für seine Eltern, so einen Schicksalsschlag zu hinterfragen?* „Was kann das unschuldige Kind dafür, es hat doch niemandem etwas zuleide getan?" „Warum lässt der liebe Gott so etwas zu?" „Wo ist unser Kind jetzt?" usw. Und eine solche Lebenssituation kann die Seele weich werden lassen …

Diese Eltern, die sich vielleicht noch nie zuvor in ihrem Erdenleben mit spirituellen Themen beschäftigt, sondern nur nach

materiellen Werten gestrebt haben, beginnen auf einmal umzu-
denken. Wieso? Das Sehnen und Suchen nach ihrem Kind hebt
sie auf einmal weg vom rein materiellen Denken und lässt sie
ihren Blick „nach oben" richten – gelenkt und geleitet von ihren
Schutzengeln, aber auch von ihrem ehemaligen Erdenkind, das
seine ehemaligen Erdeneltern vom Jenseits aus als „Hilfsschutz-
engel" noch gerne liebevoll weiterbetreuen will. So kann sich
mit gutem Willen der große Schmerz über den Tod des Kindes
schlussendlich in einen großen Segen für sie wandeln: Weg vom
Materiestreben, hin zu einer neuen Sinnfindung und wichtigen
Schritten auf dem Entwicklungsweg ihrer Geistseele. Und diese
Gesinnungsänderung ist der Liebesinkarnation ihres Kindes zu
verdanken!

Eine Steigerung der Bedeutung und Tragweite von Liebes-
missionen finden wir dort, wo sie zum Zweck der Hilfestellung
für die geistseelische Entwicklung der Erdenmenschheit, ja der
ganzen abgefallenen Schöpfung angetreten wurden. Wurde nicht
das Erdenleben vieler Propheten – hoher Geistwesen, die sich
zum Zweck der Offenbarung geistiger Wahrheiten auf dieser
Erde inkarnierten – gewaltsam beendet, so auch das Erdenleben
von Jesus, dem Christus, durch seinen Kreuzestod?

Es ist wahrlich die größte Liebesmission auf dieser Erde, die
Christus mit seiner Inkarnation als Jesus von Nazareth erfüllt hat,
um uns ein Erdenleben im Gehorsam gegenüber dem Schöpfer
und seinen Gesetzen vorzuleben, die geistigen Wahrheiten der
Liebeslehre zu verkünden und durch seinen Sieg über Satan allen seinen abgefallenen Geistgeschwistern das Tor geöffnet zu
haben, um den Weg hinaus aus dem Reich Satans und zurück in
die geistige Heimat antreten zu können – wenn sie es mit ihrem
freien Willen wollen!

4. Abschnitt

Vorbeugen ist besser als …

Wer diesem Gedankenexperiment und seiner Einladung zum Mitdenken und Anregung zum Nachdenken mit der Vernunft bisher gefolgt ist, kann sich damit gute Orientierungshilfen für das Weiterleben in der jenseitigen Welt nach dem Körpertod erarbeiten.

Leider wissen viel zu viele Erdenmenschen gar nicht, dass sie nach dem Körpertod als Geistwesen ewig weiterleben! Und daraus resultiert ein in seiner Bedeutung und vor allem Tragweite völlig unterschätzter Notstand, den es sich noch einmal logisch durchzudenken lohnt:

Wenn ein Erdenmensch in der heute weitverbreiteten Einstellung lebt, „dass mit dem irdischen Ableben ohnehin alles aus und vorbei ist", Bewusstsein, Denken, Sinne usw. zu existieren aufhören, dann wird nach seinem Hinübergang für ihn auch die verhängnisvolle Schlussfolgerung gelten: „Solange ich denken, fühlen, sehen, hören, empfinden usw. kann, lebe ich noch als Erdenmensch!"

Welch folgenschwerer Trugschluss! Ein Erdenmensch mit dieser Einstellung gerät nämlich nach seinem Körpertod in ein ganz ähnliches Dilemma, wie schon beim Selbstmörder geschildert: Er lebt als Geistwesen bereits im Jenseits, ist dabei aber immer noch der Überzeugung, ein lebender Erdenmensch zu sein! Darin bestätigen ihn auch fälschlicherweise sein ganzes Empfinden „wie als Erdenmensch", sein Bewusstsein „wie als Erdenmensch", seine erdenmenschenähnlichen Sinneswahrnehmungen und Sinneseindrücke. Und so bleibt er als körperloses Geistwesen auf dieser Erde, anstatt mit dem jenseitigen „Abholdienst" in die für ihn gemäß seinem Erdenlebenswandel vorbereitete jenseitige Sphäre mitzugehen.

Wie sollte das auch funktionieren können? Wenn ein Mensch sich während seines Erdenlebens wenig bis gar nicht für das Danach interessiert hat, wenn er nicht an ein Weiterleben seiner unsterblichen Geistseele geglaubt hat, nicht an ein Weiterleben seiner ihm ins Jenseits vorausgegangenen Eltern, Großeltern, Freunde usw., nicht an die Existenz von jenseitigen Geistwesen wie z. B. Schutzengeln, oder wenn er all das gar geleugnet hat – dann ist diese Bewusstseinseinstellung für ihn „Realität". Selbst wenn er dann seine bereits ins Jenseits vorausgegangenen Angehörigen wahrnehmen würde, wenn diese sich ihm nach seinem Hinübergang in ihrer ihm vertrauten ehemaligen Menschengestalt wiederzuerkennen geben wollen, wird er seine geistige Schau als Halluzination oder Hirngespinst oder Traumgebilde, also als „Nicht-Realität" abtun. Sein Bewusstsein ist ja darauf programmiert. Vom Erkennen-Können seines persönlichen Schutzengels, dieses unbedacht gebliebenen Begleiters durch sein Erdenleben, kann in diesem Stadium natürlich noch gar keine Rede sein.

Das Dilemma der „Armen Seelen"

Ohne jegliches Interesse an der jenseitigen Lebensebene oder für die sich dort abspielenden Geschehnisse bleiben solche geistig unaufgeklärte und daher geistig unwissende Geistwesen sozusagen „auf der Erde" bzw. in erdnahen, sehr erdähnlichen jenseitigen Sphären und fühlen sich noch als lebende Erdenmenschen.

Und jetzt liegt es durchaus im Bereich des Möglichen und ist leider nur allzu oft auch traurige Realität, dass diese unwissenden Geistwesen – wohlgemerkt: als Geistwesen! – weiter in ihren ehemaligen irdischen Wohnungen leben, mit öffentlichen Verkehrsmitteln an ihre ehemaligen Arbeitsstätten fahren, dort ihrer ehemaligen beruflichen Tätigkeit nachgehen, ehemalige Freunde, Verwandte und Bekannte besuchen, ihre ehemaligen

Hobbys ausüben, Lokale, Ämter, öffentliche Einrichtungen oder Veranstaltungen aufsuchen usw.

Nur können sie von den Erdenmenschen natürlich nicht gesehen oder gehört werden – weil diese in einem materiellen Erdenkörper steckenden Menschen mit ihren materiellen Sinnesorganen normalerweise (bis auf wenige Ausnahmen) keine Wahrnehmungsfähigkeit für Geistwesen bzw. die jenseitige Lebensebene haben. Wie befremdlich muss es für solche umherirrenden unwissenden Geistwesen sein, wenn sie von den Menschen nicht begrüßt werden, ihren Gruß nicht erwidert erhalten, ihre Fragen nicht beantwortet bekommen usw., nicht einmal von ihren ehemaligen Lieben auf Erden! Sie fühlen sich ignoriert, vor den Kopf gestoßen, kennen sich überhaupt nicht aus, wissen nicht, was das alles zu bedeuten hat, können sich ihren Zustand nicht erklären – dabei registriert man sie halt ganz einfach nicht. Diese armen Armen Seelen!

Das Dilemma mit den „Armen Seelen"

Also werden diese Armen Seelen wohl oder übel versuchen, sich bei den Erdenmenschen bemerkbar zu machen! Wie soll das geschehen? Sie haben doch keinen materiellen Körper mehr, mit dem sie sichtbare, hörbare, spürbare, bemerkbare Wirkungen hervorrufen können! Scharfdenker, bitte mitdenken!

Diese Armen Seelen können zwar aus sich selbst heraus keine materiellen Tätigkeiten bewerkstelligen, können aber mit ihren Gedanken und Gefühlen speziell bei feinnervigen, feinfühligen, sensiblen, sensitiven Erdenmenschen Empfindungen wie z. B. „Ist da jemand? Da ist doch jemand!" hervorrufen. Solch ein empfindungsmäßiges Registrieren von Armen Seelen wird bei Erdenmenschen natürlich umso leichter funktionieren, je stärker ihre Aura geöffnet ist, wie es beispielsweise bei übermäßig trauernden Hinterbliebenen oft in hohem Maße der Fall sein kann. Wir sind also wieder bei einem schon bekannten Thema angelangt, das in diesem Zusammenhang allerdings noch einmal der besonderen Erwähnung und eingehenderen Erörterung bedarf:

Recht gerne begeben sich solche Armen Seelen in die Nähe von sensiblen Erdenmenschen mit geöffneter Aura (zur Erinnerung: Ängste aller Art, heftige Gefühlsaufwallungen, negatives Gedankenkreisen usw. reißen Löcher in die Aura!), um deren Lebensenergie „abzuzapfen" und sich dadurch wieder „richtig menschlich" zu fühlen. Dass unter gewissen Umständen mithilfe dieser gestohlenen menschlichen Energien auch verschiedene Effekte hervorgerufen werden können – wie z. B. Knacksen in Holzdecken, Holzböden oder Möbelstücken, ein Verrücken oder Herunterfallen verschiedener Gegenstände, Ein- oder Ausschalteffekte bei Lampen oder anderen Elektrogeräten usw. –, sollte auch als bekannte Möglichkeit in Erwägung gezogen werden, wie sich Arme Seelen bemerkbar zu machen versuchen.

Im Übrigen ist es durchaus möglich, dass sensible Kinder, die aus dem Jenseits eine gewisse Hellsehfähigkeit in dieses Erdenleben mitgebracht haben, auf einmal erzählen, „dass der (erst vor Kurzem verstorbene) Opa gerade durch das Wohnzimmer geht" oder „die (schon vor Jahren verstorbene) Nachbarin endlich wieder auf Besuch gekommen ist und auf der Gartenbank sitzt".

Nichtwissen schützt vor Schaden nicht

Da jeder Erdenmensch seine Interessen und Neigungen, seine Leidenschaften und Süchte mit ins Jenseits nimmt, sofern er sie auf Erden nicht abgelegt bzw. sich nicht abgewöhnt hat, ereilt ihn dort die nächste Herausforderung: Er verspürt als Geistwesen weiter z. B. die triebhafte Leidenschaft oder das intensive

Suchtverlangen – beides ist ja in der Geistseele geprägt und erlischt deshalb nicht mit dem Ablegen des Erdenkörpers! – und den Drang zum Befriedigen-Müssen. Was also tun?

Ein Geistwesen, das als Erdenmensch z. B. stark dem Alkohol zugetan war, kann sich im Jenseits nicht nur keine Flasche Schnaps besorgen, sondern diesen ja auch gar nicht trinken, weil es keinen materiellen Körper mehr hat. – Ganz plastisch vorstellen und mitdenken! Aber die Alkoholsucht nagt und drängt die Geistseele weiter und wird immer intensiver und intensiver und intensiver – bis diesem immer noch süchtigen Geistwesen folgende wahrlich satanische Idee als Lösung suggeriert wird: „Begib dich in die Nähe eines alkoholkranken, aurageöffneten Erdenmenschen und animiere ihn gedanklich und gefühlsmäßig zum Trinken! Dann kannst du vom Dunst seiner „alkoholdurchtränkten" Lebenskraft mitnaschen und so dein eigenes Alkoholverlangen über diesen Erdenmenschen befriedigen."

Das süchtige Geistwesen spürt recht schnell, wie gut diese teuflische Methode funktioniert. Und je mehr es diesen armen alkoholkranken Erdenmenschen gedanklich und gefühlsmäßig weiter zum Trinken anstachelt – „Trink, trink, Brüderlein, trink …!" –, umso mehr verspürt der arme Mensch den Drang zum Weitertrinken und trinkt und trinkt und trinkt … Hoffentlich wechselt er nicht einmal im Delir ins Jenseits hinüber und lebt dann selbst als alkoholsüchtige Arme Seele weiter. Da capo!

Diese Einflussnahmen, diese Suggestionen Armer Seelen, die ihre verschiedenen Triebhaftigkeiten und Süchte aus ihrem Erdenleben unbewältigt ins Jenseits mitgenommen haben, sind – geistig gesehen – der Grund dafür, warum es Erdenmenschen oft so schwer fällt, sich von ihren diversen Süchten und Lastern zu befreien, bzw. warum sie immer wieder rückfällig werden. Denken wir neben der Alkoholsucht auch an Nikotinsucht, Drogensucht, Medikamentensucht, Esssucht, Sexsucht, Spielsucht,

Kaufsucht, Internetsucht usw. und die damit verbundenen geistseelischen Abhängigkeiten!

Raffinierte Methoden und erfolgreiche Gegenstrategien

Zum besseren geistigen Verständnis soll in diesem Zusammenhang noch erklärt werden, dass diese Armen Seelen von negativen Geistwesen ganz gezielt für diese Taktik geschult werden,
um dadurch die Erdenmenschen vom Ablegen ihrer Süchte und
Triebhaftigkeiten und der damit verbundenen Reifung, Vervollkommnung ihrer Geistseele abzuhalten. Und die kostbaren
Lebenskräfte, die den Erdenmenschen dabei entzogen werden,
dienen weiteren satanischen Inszenierungen, Versuchungen und
Verführungen, um sowohl die Menschen auf Erden als auch die
Armen Seelen in den erdnahen Sphären an ihrem geistigen Fort-
schritt zu hindern.

Ganz ähnlich laufen die Wechselwirkungen zwischen Jenseits und Diesseits bei verschiedenen Charakterschwächen,
Untugenden, ungünstigen Gewohnheiten, Leidenschaften usw.
der Erdenmenschen ab. Für alles in ihrer Seele unbereinigt Gebliebene suchen sich erdgebundene Geistwesen zum Weiter-
ausleben-Können ähnlich veranlagte Erdenmenschen, bei denen
dann Aggressionspotenziale, Jähzorn, Ungeduld, Egoismus,
Eifersucht, Neid, Geiz, Kritiksucht, Hochmut, Empfindlichkeit,
Unversöhnlichkeit, um nur einiges aufzuzählen, verstärkt zum
Durchbruch, zum Ausleben kommen.

Im Übrigen halten die ins Jenseits Hinübergegangenen dort
natürlich auch an ihren festverankerten mitgenommenen Glau-
benssätzen, wissenschaftlichen Überzeugungen, politischen Ein-
stellungen usw. fest, gruppieren sich auch drüben mit Gleichge-
sinnten – nach dem geistigen Gesetz „Ähnliches zieht Ähnliches

an und bewirkt wieder Ähnliches" – und schließen sich dann wiederum ähnlich denkenden Erdenmenschen an, die sich dadurch ihrerseits in „ihren" Meinungen und Ansichten regelrecht bestärkt fühlen können und diese umso energischer und vehementer vertreten. In den von drüben angestachelten und aufgewiegelten Auseinandersetzungen mit Andersdenkenden in Form von hitzigen Diskussionen, Wortgefechten, Demonstrationen bis hin zu Handgreiflichkeiten und mehr, gibt es, geistig gesehen, Verlierer auf beiden Seiten – sie alle belasten ihre Geistseelen.

Mit jedem bewussten Willenseinsatz und erfolgreichen Widerstehen gegenüber den negativen Gedanken-, Gefühls-, Trieb- und Suchtimpulsen trägt der Erdenmensch nicht nur zu seiner eigenen Befreiung aus dem negativen Netzwerk und zur Bewahrung seiner Lebenskraft bei, sondern er übt damit auch eine gewisse Vorbildwirkung sowohl auf seine Mitmenschen als auch auf die Armen Seelen aus. Die Armen Seelen sehen sich nämlich auf einmal in der Situation der Verlierer, obwohl ihnen die negativen Geistwesen immer den Sieg über die Menschen eintrichtern, sprich den Lebenskraftentzug ihrer Opfer. Jetzt erleben sie sich auf einmal mit wirkungsvolleren Strategien konfrontiert, welche sich als erfolgreicher erweisen, als die ihnen von den negativen Geistwesen angelernten Methoden.

Mit der Hilfe vieler, vieler Gott und Christus treu dienenden Geistwesen, die stets bereit sind, den Erdenmenschen und Armen Seelen aus ihren Verstrickungen zu helfen, werden es jedoch alle einmal schaffen! Das Licht der Liebe ist immer stärker als die Finsternis und wird immer den geistigen Sieg davontragen!

Steter Tropfen höhlt den Stein

Je nach persönlicher Entwicklungsreife bemerken diese Armen Seelen nach kürzerer oder längerer oder erst sehr langer Zeit, dass sich in bzw. an ihrem – immer noch vermeintlichen – Erdenleben etwas geändert hat: Nicht nur, dass sie – wie schon erwähnt – von den meisten Erdenmenschen nicht registriert werden, brauchen sie z. B. auch nichts mehr zu essen und zu trinken, können keine materiellen Arbeiten mehr verrichten, weil sie die dazu notwendigen materiellen Werkzeuge nicht mehr in ihre jetzt feinstofflichen Hände nehmen können, sondern bei jedem Versuch quasi durch die Werkzeuge „hindurchgreifen". Andererseits wieder brauchen sie z. B. Türen gar nicht mehr zu öffnen, weil sie ja durch die Wände „hindurchgehen" können usw.

Dieses Nachdenklich-Werden und allmählich Unzufrieden-Werden mit ihrem Zustand nützen lichte Geistwesen, sogenannte Missionsgeistwesen, um die Bereitschaft der Armen Seelen, aus ihren nicht gerade erbaulichen Zuständen herauszuwollen, auszuloten und sie darin zu bestärken. Natürlich tut sich eine Arme Seele gar nicht so leicht, einem hellen Geistwesen – an dessen Existenz sie bisher gar nicht geglaubt hat – auf einmal „abzunehmen", dass ihr „komischer" Zustand daraus resultiert, weil sie schon „gestorben" sein soll …

Es bedarf vieler Besuche und Aufklärungsversuche solcher Missionsgeistwesen. Auch kommen oft ehemalige, bereits früher ins Jenseits hinübergewechselte irdische Verwandte oder Bekannte mit, um in einer Art Anschauungsunterricht Überzeugungsarbeit zu leisten, damit diese Armen Seelen endlich zu einer Gesinnungsänderung bereit sind, die geistigen Belehrungen annehmen, Reue zur Wiedergutmachung zeigen und sich mit ihrem bedingt freien Willen dazu entschließen, mitzugehen in eine lichtere jenseitige Sphäre. Dort werden sie dann von geistigen Lehrern und Mentoren weiter geistig geschult und können an ihrer persönlichen geistseelischen Entwicklung arbeiten.

Besonders schwer fällt das Mitgehen jenen Armen Seelen, die an der fixen Vorstellung festhalten, auf den sogenannten „Jüngsten Tag am Ende aller Zeiten" warten zu müssen, um nach dem

Posaunenschall in ihrem einst fleischlichen Körper wieder auf-
erstehen und womöglich gleich vor das Antlitz des Schöpfers
treten zu können.

*Könnte so einer Vorstellung vom Warten-Müssen auf den
sogenannten „Jüngsten Tag am Ende aller Zeiten" nicht eine
geistig unrichtige Glaubenseinstellung zugrunde liegen?* Vielleicht mag der folgende Vergleich zu einer geistig schlüssigeren
Interpretation anregen: Wenn der Tag der irdischen Geburt eines
Menschen auf dieser Erde der erste, der „jüngste" Tag im Erdenleben dieses Menschen ist – ist dann nicht die Bewusstwerdung
in der jenseitigen Welt nach dem Körpertod der erste, der „jüngste" Tag im Jenseits? So kann bei einem geistig hochentwickelten
Erdenmenschen „sein jüngster Tag" unmittelbar nach seinem
letzten Atemzug im Diesseits, ohne „Wartezeit", mit seinem ersten geistigen Atemzug im Jenseits sein! Anders hingegen verhält
es sich bei Armen Seelen, die infolge ihrer geistigen Unwissenheit über ihren eigenen Zustand oft lange Zeit geistig unbewusst
umherirren, bis sie endlich ihre persönliche Bewusstwerdung,
endlich „ihren jüngsten Tag" im Jenseits erleben können.

Unser Schöpfer hat viele Möglichkeiten geschaffen, um seine
gefallenen und in die Irre gegangenen Kinder wieder heimfüh-
ren zu können. Diese Heimführung erfolgt unaufhörlich und
nicht erst an einem vermeintlichen „Jüngsten Tag am Ende aller
Zeiten", auf den die Erdenmenschen leider jahrhundertelang
„vorprogrammiert" wurden.

Abgeschlossen werden sollen diese Erläuterungen über die
Armen Seelen und ihre verschiedensten Schwierigkeiten nicht
ohne den Hinweis, dass innige Gebete von uns Erdenmenschen
für diese unsere unwissenden Geistgeschwister nicht zu unter-
schätzende gewaltige Liebeskräfte darstellen, mit denen ihnen
wahrhaft geholfen werden kann und soll. Ein kleiner Liebesdienst von uns mit großen Segenswirkungen für sie!

Unvoreingenommenheit, bitte!

Wenn es, laut Albert Einstein, schwieriger ist, eine vorgefasste Meinung zu zertrümmern als ein Atom[2], – dann wird es für alle Nicht-Vorurteilsfreien auch schwierig mit dem Verstehen- und Weiterdenken-Können dieses Gedankenexperiments. Es gilt ganz einfach auch akzeptieren zu lernen, dass wir eben auf unserer erdenmenschlichen Entwicklungsstufe so vieles noch nicht verstehen oder erfassen können. Also nicht traurig sein, wenn wir uns mit vielem noch recht schwertun, sondern lernen, mit uns selbst Geduld zu haben! In einem materiell begrenzten Weltbild lassen sich nicht-materielle Dinge ohnehin nicht schlüssig beweisen, und das Hinaufschwingen in die geistige Dimension des Vernunftdenkens – wie es eben auch in diesem Gedankenexperiment erforderlich ist – will geübt sein.

Auch Galileo Galilei wurde belächelt, ausgelacht, nicht ernst genommen und sogar verurteilt, weil er im Widerspruch zur damals herrschenden Lehre vom geozentrischen Weltbild die Sonne als Mittelpunkt unseres Sonnensystems erkannte. Mittlerweile lernt jedes Schulkind, dass sich die Erde um die Sonne dreht und nicht umgekehrt. Allerdings dauerte es bis in die Jetztzeit, also einige Jahrhunderte, dass Galileo Galilei von der Institution Kirche rehabilitiert wurde.

Es mag durchaus sein, dass auch diesem Gedankenexperiment viele Widerstände entgegenwirken, von einem Nicht-verstehen-Können bis zu einem Nicht-verstehen-Wollen. Eine schlüssige Beweisführung auf der rein irdisch-wissenschaftlichen Ebene kann es dafür auch nicht geben und wird es auch nicht geben können. Denn die Ursache von allem Materiellen, von allem Irdischen liegt im Geistigen. Irdisches kann zwar vom Geistigen

---

[2] vgl.: Harenberg Lexikon der Sprichwörter und Zitate, Harenberg Kommunikation Verlags- und Medien GmbH & Co. KG, Dortmund, 1997, S. 72

aus verstanden werden – aber Geistiges kann aus rein irdisch-materieller Sicht nicht erfasst werden!

Auch in unserer „aufgeklärten Zeit" können sich viele Menschen ein Leben über das irdische hinaus gar nicht vorstellen – so, wie viele Menschen damals sich nicht vorstellen konnten, dass sich die Erde um die Sonne dreht. So sehr war und ist die menschliche Vorstellung mit der Schwingung dieser Erdmaterie, mit dem Verstandesdenken verquickt. Aus diesem Grund hat es Satan, der Gegenspieler Christi, sehr leicht, wenn er die Menschen bei ihrem „einzigen" Erdenleben nehmen will. Das ist eben die Gefahr und Schwierigkeit bei einem so auf das Irdische, so auf das Materielle eingestellten begrenzten Bewusstsein.

Oft hört man das Argument: *„Ja, es ist doch noch niemand zurückgekommen! Wo haben wir Beweise?"* – Die Beweise, die solche Menschen haben wollen, wären ja wiederum an die Materie gebunden und an ihre materielle Gesinnung. Und deshalb, weil es eben Beweise in der Materie sein müssten, sind es keine Geistbeweise. Der Geist aber ist die Ursache des Lebens, und nicht die Materie! Warnte doch schon der Apostel Paulus in seinem Brief an die Kolosser sinngemäß davor, sich von falschen irdischen Lehren, die negativen Geistwesen entstammen, verführen zu lassen! (vgl. Kol 2,8)

Vieles bleibt dem begrenzten und begrenzenden Menschenverstand eben nicht zugänglich, dem reinen Verstandesdenker nicht nachvollziehbar, nicht fassbar, nicht begreifbar, unerklärlich, unvorstellbar, unergründlich, unerforschlich – aber:

Wo das Wissen aufhört …

… dort beginnt bekanntlich der Glaube! Können wir erdenwissenschaftlich beweisen, dass wir ewig leben? Dass es einen

Schöpfer gibt? *Lässt sich der Schöpfer von uns Erdenmenschen begreifen, verstehen, erfassen?* Es lässt sich jedoch auch nicht beweisen, dass es ihn nicht gibt! Verleugnen wir also nicht, was sich unserem derzeitigen Verständnis noch entzieht! Lassen wir vielmehr ruhen, was wir noch nicht nachvollziehen können, bis sich Schrittchen für Schrittchen, Mosaiksteinchen für Mosaiksteinchen klärt und zur Antwort wird auf unsere Fragen nach dem Woher-Wozu-Wohin!

Spüren wir doch alle, dass wir tief in unserem Innersten nicht nur glauben, sondern wissen, dass es ihn gibt, unseren himmlischen Vater! Wir tragen ja einen Funken seines göttlichen Urlichtes in uns, unseren Gottesurlichtfunken, den Urgrund unseres Seins! Dadurch sind wir unverlierbar, unzerstörbar, unvergänglich und mit unserem Schöpfer verbunden – auf ewig!

Und da alle seine Geschöpfe einen Gottesurlichtfunken in sich tragen, sind wir alle Kinder Gottes und untereinander geistige Geschwister. Die drei göttlichen Attribute – Liebe, Vernunft und freier Wille – zeichnen uns als Kinder Gottes aus, und ihrer sollten wir uns auch in diesem unseren Erdenleben als würdig erweisen! Das funktioniert – wie Jesus, der Christus, uns eben hier auf Erden selbst vorgelebt hat – ganz einfach: „Liebe Gott über alles und deinen Nächsten wie dich selbst!"

Zum Ausklang

War das alles jetzt nur ein Gedankenexperiment? Oder doch mehr? Ein Versuch des Heruntertransformierens geistiger Wahrheiten in irdische Ausdrucksmöglichkeiten? Eine Brücke hinüber bzw. eine Sprossenleiter himmelwärts? Ein Vor-Wegweiser ins Jenseits und eine Orientierungshilfe für drüben? Ein Sprungbrett ins ewige Leben?

Seien wir doch dankbar, dass in der Gnade Gottes uns Erdenmenschen zu allen Zeiten geistige Wahrheiten vermittelt werden, sodass wir mit unserem bedingt freien Willen die Chance nützen können, unsere geistseelische Vervollkommnung voranzubringen! Und wenn wir an uns selbst diese Segnungen verspürt haben, was liegt dann näher, als unseren geistigen Geschwistern – seien sie als Menschen inkarniert, seien es Vorausgegangene, Arme Seelen usw. – weiterhelfen zu wollen, je nach unseren persönlichen Möglichkeiten?

Und so mögen auch diese geistwissenschaftlichen Gedanken vielen Lesern Anregung und Hilfe sein, um über Ursache, Sinn und Zweck ihres Erdenlebens aus geistiger Sicht nachzudenken, um im Vertrauen und im Mut zur Bewältigung schwieriger Lebenssituationen zu wachsen, um ihre persönlichen Willenskräfte – gepaart mit Vernunftdenken und Nächstenliebe – zum gottgewollten Wirken einzusetzen. Denn:

„Wer immer strebend sich bemüht …", dem wird geholfen bei seiner Arbeit an sich selbst, um sich aus seinen selbst verursachten Bindungen zu befreien und den Weg zurück in seine geistige Heimat antreten zu können. Nützen wird dazu die Chance unseres Erdenlebens! Es ist kostbarer – aber auch kürzer –, als wir meinen!

Zur größten Freude gereicht es wohl allen geistigen und irdischen Helfern, die am Zustandekommen dieses geistwissenschaftlichen Kompendiums beteiligt waren, wenn ehemals

Erdenlebensüberdrüssige, an Ursache, Sinn und Zweck ihres Erdenlebens Zweifelnde, über die großen geistigen Zusammenhänge unseres Seins sich im Unklaren Befindliche – daraus hilfreiche Erkenntnisse und Einsichten gewinnen bzw. Unsicherheiten ausräumen konnten, Lebensmut und Lebensfreude wiedergefunden haben und nun mit Überzeugung, Erleichterung und voller Zuversicht bejahen:

„Ich lebe auch ewig!"

STICHWORT-REGISTER

A

Abfall, von Gott 28, 36 – 50, 57, 82, 86
Abtragen 60, 71
Adam und Eva 28
Adoption(skonstellation) 75
Aggressionen 45, 94
Ähnliches zu Ähnlichem 33 ff., 55, 59 f.,
64, 75, 84, 94 f.
Ähnlichkeitsgesetz, *siehe: Gesetze*
Alkoholsucht 93, *siehe auch: Sucht*
Anarchie 45
Angehörige 18 f., 23, 75, 77 f., 90, 96
Angriffe 59
Angst 12, 44, 49, 62, 78, 92
Arme Seelen 90 – 97
Atheismus 45
Attribute, göttliche 34, 100
Aura(öffnung) 62 ff., 91 ff.

B

Barmherzigkeit 46, 49, 67, 73, 78, 82
Beeinflussungen 62, 73, 79, 82, *siehe*
auch: Suggestionen
Beeinträchtigungen 66, 70
Befruchtung, künstliche 25 f., 74
Begabung 27, *siehe auch: Talente*
Belastungen, geistseelische 46 – 50,
53 f., 61, 66 – 69, 71, 74, 79, 84 f., 95
Bereinigen 38, 45 – 48, 69, 73, 79, 94,
siehe auch: Wiedergutmachung
Beten, *siehe: Gebete*
Beurteilen, *siehe: urteilen*
Bewältigung(sstrategien) 12, 50, 53,
66, 82
Beweis(barkeit) 17, 53, 65, 98 ff.
Bewusst (willentlich) 18 f., 56, 62 f., 95
Bewusstsein 18, 46, 79 ff., 89 f., 97, 99
Bewusstseinsschwäche (-stärke) 46 f.

Bindungen, geistseelische 45, 47 f., 61,
69, 71, 74, 83
Bitten 56 f., 73, 75, 82
Blutsverwandt(schaft) 19, 75
Boten Gottes 58 f.

C

Chance 71 f., 79, *siehe auch: Gelegen-*
heiten
Charakter(schwächen) 21, 27, 54 f., 94
Christus 25, 35 – 45, 54, 57 ff., 86, 95,
100
Christuslicht 35, 39
Chromosomen(schäden) 26, 71 f.

D

Dämonen 39 f.
Demut 23, 47, 59, 66, 76
Dilemma 11, 80, 89 – 92
Disharmonien, seelische 20, 63
Down-Syndrom 71 f.
Drogen(sucht) 64, 93, *siehe auch: Sucht*
Dual(paar) 35 f., 39, 49

E

Ebenbild Gottes 25 ff., 33, 39, 74
Egoismus 45, 55, 61, 64, 94
Eifersucht 83, 94
Einstein, Albert 98
Eingebungen, gedankliche (gefühlsmä-
ßige) 56, 61, 64, *siehe auch: Inspira-*
tionen, Suggestionen
Embryo 26, 72
Embryogeistwesen, *siehe: Geistwesen*
Emotionen 74, *siehe auch: Gefühle*
Energie, (geist)seelische 20, 56, 77,
siehe auch: Lebenskraft

Letztes Gericht, *siehe: Gericht*
Liebesenergie 61, 81
Liebesinkarnation, *siehe: Liebesmission*
Liebeslehre Jesu Christi 43, 45, 48, 55, 86
Liebesmission 41, 43, 85 f.
Lösen, von Bindungen 45, 47 f., 69, 71, 83
Lügen 45
Luzifer 36 f., 48 f.

M

Marionetten 33
Materialismus 45, 80
Materie 17 f., 20, 24 f., 46 ff., 50, 72, 85 f., 91, 98 f.
materiell, *siehe: Materie*
Medial(ität) 58 ff., 65
Medien 58 f.
Michael, St. 44, 57
Michaelsengel, *siehe: Michael, St.*
Missionsgeistwesen, *siehe: Geistwesen*
Mitleid 78
Mittler, *siehe: Medien*

N

Nachfolge Jesu Christi 48, 59, 69, 100
Nächstenliebe 20, 23, 45, 47, 54, 61, 66, 73, 75, 81 f.
Negative Geistwesen, *siehe: Geistwesen*
Neid 55, 94
Neugierde 53, 63 f.,
Nichtwissen, *siehe: Unwissenheit*
Nikotinsucht 93, *siehe auch: Sucht*

O

Offenbarungen 42, 58 ff., 65, 86
Opfer 69 f., 83 f.
Ordnung, göttliche 28, 35 ff., 46 f., 53, 57, 84

Ordnungsgesetze, *siehe: Gesetze*

P

Paradisesgeistwesen, *siehe: Geist-wesen*
Paulus, Apostel 60, 66, 99
Planeten(welten) 17, 19, 40, 47, 84 f.
Prägungen 20 – 23, 27, 46, 54, 68 f., 71, 80, 93
Pränataldiagnostik 72
Probleme 56 f., 74 f., 79 f.
Propheten 42, 58 f., 86
Prüfen, *siehe: Vernunftprüfung*
Prüfungen, geistige 74, 79

R

Rad der Wiedergeburt, *siehe: Wieder-geburt*
Recht auf Leben 70 f.
Recht(e) 37, 41, 43 f., 67 f.
Regulationsstörungen, funktionelle (vegetative) 63
Reife, geistige 22, 59 f., 71 ff., 76, 79, 94 f.
Rein(heit) 25, 27, 33, 39, 46, 59 f.
Reinkarnation, *siehe: Wiedergeburt*
Reproduktionsmedizin 26, 74
Retortenbaby 26
Revolution 36 f., 43
Richter (richten) 68 f., 83
Rückführung 53
Rückweg 41, 46 ff., 50

S

Satan 37, 39 – 45, 48 f., 58 – 62, 86, 99
Satanisch 45, 61 f., 84, 93 f.
Schicksal(sschläge) 28, 47, 66, 69, 83 ff.
Schuld(ig) 27 f., 41, 45 f., 48 f., 53, 67 ff., 85

—